U0644434

浙江省高素质农民培育
十年发展报告

李宝值　类兴彪 等 ◎ 著

2012—2022

中国农业出版社
北京

编　委　会

前　言

　　高素质农民是乡村人才的重要组成部分，是建设高效生态农业强省的主力军，是推动农村共同富裕的关键力量。浙江虽然是农业资源小省，但是能够发展成为全国农业农村现代化进程最快、乡村经济发展最活、城乡融合度最高的省份，高素质农民发挥了不可替代的重要作用。

　　教育培训是壮大和发展高素质农民队伍的关键。2012年，浙江在习近平总书记提出的"千万农村劳动力培训工程"重要指引下，创新实施"千万农民素质提升工程"，把高素质农民培育作为实施乡村振兴战略、打造共同富裕示范区的重要抓手，推进农民培训由转移就业向素质提升和创新创业转变，探索出一条促进乡村人才振兴、深化农村人力资本开发、加快推进农民现代化的科学路径，培养了一大批扎根农村、致力农业、创新创业的高素质农民队伍，形成了培训育人才、人才兴产业、产业促发展的联动格局，为谱写中国式现代化浙江先行的精彩"三农篇章"提供了坚实的人才支撑。

　　浙江省农业农村厅作为高素质农民培育的主管单位，对近十年来的高素质农民培育实践进行系统总结与研究，集思广益，由此形成本发展报告。感谢各地各单位提供的素材与资料。

　　驰而不息、久久为功。高素质农民培育是一项长期性、基础性、系统性的重大工程，要坚持"一张蓝图绘到底"，持续擦亮"千万农民素质提升工程"金名片，精心绘就高素质农民在乡村振兴广阔天地中勇立潮头、建功立业、携手共富的昌盛图景。

编委会

2023年10月

目　录

十年来，浙江省深入实施"千万农民素质提升工程""中央高素质农民培育计划"，围绕省委省政府中心工作和主导特色产业发展，不断完善培训体系，创新培训模式，丰富培训内容，迭代升级具体行动计划，形成一个制度性文件统领，一个农民培训信息管理系统辅助，一个培训平台支撑，400余个田间学校助力的"1＋1＋1＋N"农民培训架构。横向建立涵盖农业、林业、人社、建设、妇联、科协、团委、残联等部门的会商协调机制，纵向建立涵盖省市县、到乡到村到企的需求调度联动机制。引导培训从一产向二三产业延伸，从就业为主向创业为主转变，从传统培训向"互联网＋"转型，从短期培训向全周期培训拓展。建立技能培育、就业创业、品牌提升、数字赋能的全周期培训服务体系，走出一条从输血到造血再到品牌化发展的农民培训促富道路。有效促进一批产业从小到大、从弱到强、从省内走向省外，目前已培育助推60余个亿元区域性乡村产业，带动"地瓜经济"2 000亿元，认定25个产值过亿的农民培训促富品牌。培训、普训280余万人次，入库高素质农民和实用人才140万人。

一、高素质农民培育架构日趋完善

按照"一主多元、灵活多样、百家争鸣"的办学方针，整合资源，加强引导，逐步形成了农业农村部门牵头抓总，以各级农广校为主体，以科研院所为重要依托，以社会培训机构为辅助，以各类田间学校、实训基地为实践平台的立体式格局，构建了由省级农民大学、市级农民学院、县级农民学校、配套实训基地构成，贯通省、市、县、乡村四级，各有侧重、相互配合的农民培训体系。培训体系架构见图1-1。

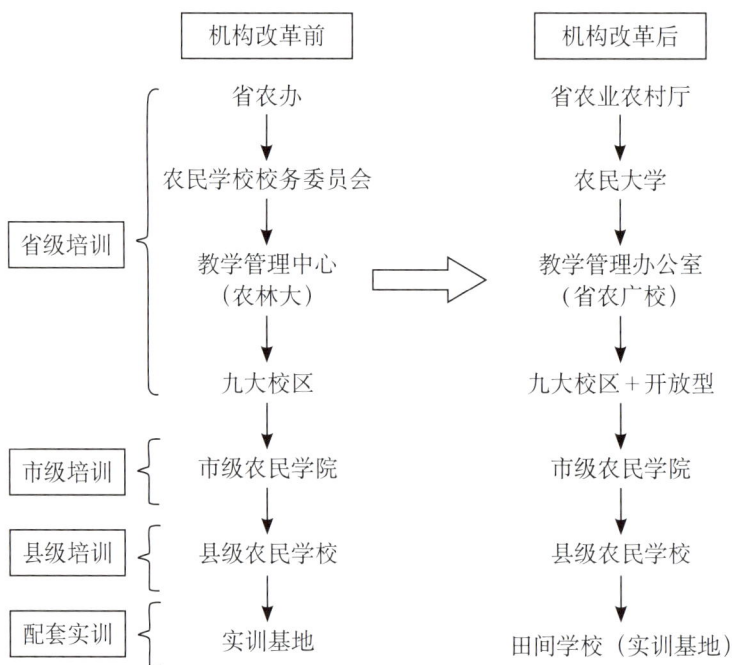

机构改革前	机构改革后
省农办	省农业农村厅
↓	↓
农民学校校务委员会	农民大学
↓	↓
教学管理中心（农林大）	教学管理办公室（省农广校）
↓	↓
九大校区	九大校区＋开放型
市级农民学院	市级农民学院
县级农民学校	县级农民学校
实训基地	田间学校（实训基地）

省级培训 市级培训 县级培训 配套实训

图1-1　高素质农民培训体系架构

（一）农民大学蓬勃发展

浙江农民大学是经浙江省委、省政府决定成立（省委常委会会议纪要〔2013〕50号），依托在杭高校组建，以培养新农村建设和农业现代化建设急需的各类农村实用人才带头人为己任。首任校长由时任浙江省委副书记王辉忠兼任，第一副校长由时任副省长黄旭明兼任，常务副校长由时任省农办主任章文彪兼任。其后经历袁家军、郑栅洁、黄建发历任校长。

浙江农民大学成立之初设立校长领导下的校务委员会，下设办公室和教学管理中心。校务委员会办公室设在省农办，由省农办分管领导担任办公室主任，教学管理中心设在浙江农林大学，由农林大分管领导担任中心主任。校务委员会有17家成员单位组成：省农办、省教育厅、省人力资源和社会保障厅、省财政厅、省农业农村厅、省林业厅、省海洋与渔业局、省供销社联、团省委、省妇联、省科协、浙江农林大学、浙江大学、浙江海洋大学、浙江经贸职业技术学院、浙江旅游职业学院、省农科院。

浙江农民大学实行"一主多副"模式，成立之初由7个校区组成，分别是浙江农林大学（主校区）、浙江大学、浙江海洋大学、浙江经贸职业技术学院、浙江旅游职业学院、浙江省农科院、中国农村致富技术函授大学浙江省分校。2016年后分别吸收浙江省农业广播电视学校、浙江省妇女干部学校成为浙江农民大学校区，浙江农民大学达到9个校区。2018—2019年，浙江省先后成立浙江农艺师学院、浙江茶业学院，成为浙江省农业领军人才培训的重要力量。

★浙江农艺师学院是2017年12月经浙江省政府专题会议研究决定成立，以培养农业产业领军人才为主。由省农业农村厅和省农科院联合创办，2018年10月正式挂牌，浙江农艺师学院为全国首创，以高层次、复合型、精准化为培育导向，引入MBA办学理念，开设两年制在职研修培养，每年培养100名左右农业产业领军人才，累计已培育568名。

★**浙江茶业学院**是2019年11月经浙江省政府批准成立，以培养茶产业高层次人才为主，由省农业农村厅和省供销社联合主管，以推动茶产业高质量发展为导向，开设两年制在职研修培养，每年培养80名左右茶产业高层次人才，累计已培育320名。

★**浙江妇女干部学校**是2019年正式加入农民大学，以培养农村巾帼带头人为主，隶属省妇联管辖，主要开设农村妇女干部、农村妇女创业带头人、农村家政等短期培训，每年承担省级培训300人次左右，其他各类培训1 000余人次。

浙江农民大学开设国外进修班（时间7天）、省级高研班（时间15天）、省级示范班（时间5～8天）、浙江农艺师学院和浙江茶业学院在职研修班（时间2年）等。主要承担省级农村人才的示范性培训，重点针对农业企业负责人、省市级示范性家庭农场、合作社负责人等具有较强示范带动作用的产业带头人开展示范性培训，年均培训10 000人次左右（图1-2）。

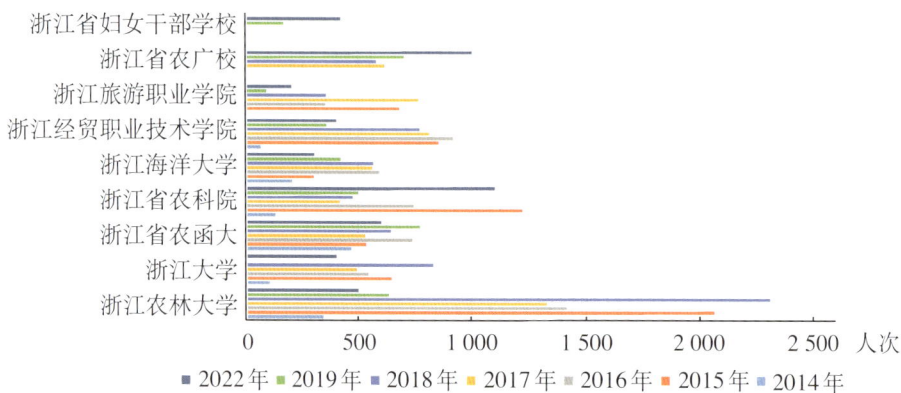

图1-2 浙江农民大学各校区历年培训人数

（二）农民学院欣欣向荣

农民学院是经各地市党委、政府决定成立，依托当地院校资源，参照省级农民大学运行模式，因地制宜组建，挂农民大学分校的牌子，主要承担市级农村实用人才的示范性培训。农民学院一般由当地农民培训领导小组领导，领导小组组长由党委政府分管领导担任，领导小组办公室一般设在培训主管部门，由主管部门主要负责人担任。比如衢州市成立共富学院建设领导小组，市委副书记徐良平、市委组织部长陈玲芳担任组长，三名副市长担任常务副组长或副组长。市政府副秘书长担任校委会主任，衢州职业技术学院院长担任校委会办公室主任。

目前全省设立11家市级农民学院，各地根据需要，农民学院主校区设在当地高职、广电或农广校。如杭州市农民学院（农民大学杭州分校，下同）设在市农广校，宁波市农民学院设在市农业教育培训中心，温州市农民学院设在市科技职业技术学院，湖州、嘉兴、绍兴、金华、衢州、丽水等市农民学院设在市职业技术学院，舟山市和台州市农民学院设在市电大。农民学院年均培训5万余人次，随着乡村人才振兴的加快，各地农民学院农民培训参与度呈现逐年提高趋势。嘉兴、温州农民学院历年培训人数分别见图1-3、图1-4。

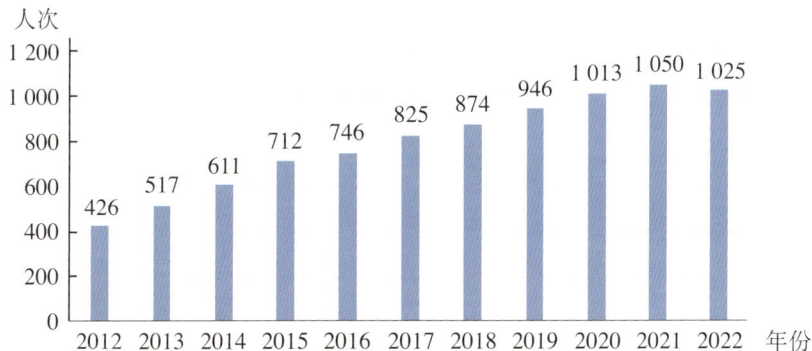

图 1-3　嘉兴农民学院历年培训人数

人次

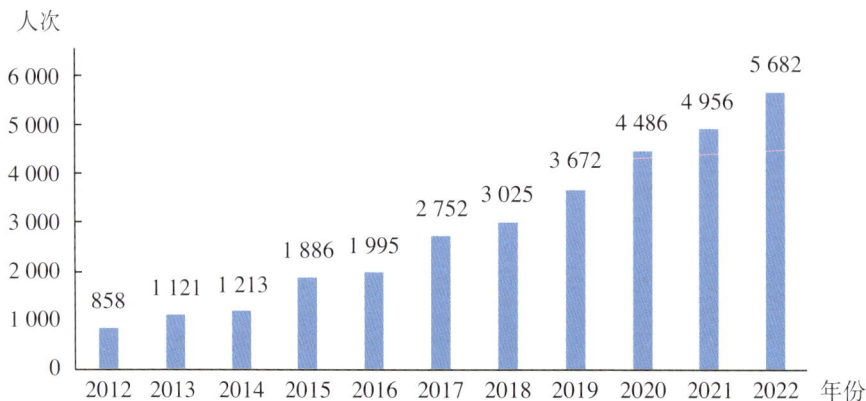

图 1-4　温州农民学院历年培训人数

各地农民学院积极探索创新，各展所长，突出特色，涌现出一批典型办学模式。比如：

★湖州农民学院是全国首家地市级农民学院，创新开展的"项目管理＋项目运作＋教学师资＋教育培训＋认定管理＋政策扶持＋教育评价""七位一体"培育模式得到了农业农村部、教育部、中国社科院等领导专家的充分肯定，被农业农村部列为全国职业农民培育十大典型模式之一。

★宁波市农民学院形成宁波大学水产专业、城市职业技术学院特色果树专业和农家乐培训、万里学院花卉苗木专业、工程学院电商专业、农科院瓜菜和粮食种植专业等一院一个主打专业、几个辅助专业的培训格局。

此外，各地不断创设培训平台，完善培训体系，形成以农民学院为牵引，多种载体向县、镇、村延伸的培训体系。比如：

★衢州农民学院推进培训平台由"农民学院"到"乡村振兴学院"再到"四省边际（衢州）共富学院"的迭代升级，构建了市级有农民学院（共富学院）领衔，县级有农民学校、教学基地，乡镇有乡村讲堂，村有教学点的四级联培体系。衢州农民学院探索的"大统一培训带动三新人群就业致富"创新做法入选"全省第二批高质量建设共同富裕示范区建设机制创新类试点"。

★台州市农民学院以校地合作模式在全国率先组建覆盖"市县乡村"四级乡村振兴学院，吸纳2 000多名专家组建了专家库，其中首席专家108名，"双创"名师900多名，农村致富带头人1 000多名。

（三）农民学校蒸蒸日上

农民学校是经各县市研究成立，依托当地党校、中专、电大等资源组建，挂农民学院分校牌子，以当地特色培训、农民实用技术轮训和普及性培训为主。农民学校校长由农业农村主管部门负责人担任，也有部分县市成立农民培训领导小组，由党委政府分管领导担任组长，统筹各部门共同推进农民培训工作。

全省共有农民学校70个，年均培训实用人才10万人次左右，普及性培训30万人次左右。通过培训宣传了惠农政策，提升了农民技能水平，带动了农民就业创业，促进了当地主导特色产业发展。比如：

★杭州市余杭区积极探索乡村职业经理人（CEO）"四新"培育机制，人均培训费用高达2万元。2022年，共开展乡村职业经理人培训、座谈等培育活动20余期，一批职业经理人成为乡村运营骨干，共接待全国团队达10万余人次，推进项目18个，总投资近5 000万元。在乡村职业经理人的带领下，永安村集体经济收入由2018年50万元增加到2022年500万元。探索的乡村职业经理人培育临平模式在《中国组织人事报》刊登推广，同时在央视《焦点访谈》报道。

★杭州市临平区深化大师工作室、师傅带徒工作机制，认定100余名土专家，设立17个教学模块，培养和吸引青年人才回乡创业1 000余人。

★杭州市富阳区专门成立农民大学生"学习＋创业"共同体组织，拟定30余个培训主题，累计服务500余人次。新昌连续8年开展蓝莓培训，累计培训1 500人次，让众多小农户买到好苗，学到技术，少走弯路，亩①均收入2万～5万元，户均收入20万元以上。

（四）田间学校百花齐放

田间学校是各级农民培训的配套实训基地，主要依托农民专业合作社、家庭农场、农业企业等新型农业经营主体设立，根据认定层级，分省级、市级、县级田间学校。根据农业部"四个课堂"同步建设要求和高素质农民培育工作的需要，2014年初，浙江省农业厅印发《关于加强农业教育培训中心（农广校）体系建设的意见》，根据文件要求，五年内实训基地要实现县域全覆盖。2015年6月，浙江省农业厅正式出台《浙江省农业教育培训实训基地建设方案》，明确了建设目标、建设标准和运行管理办法。2016年，根据中央农业广播电视学校印发的《关于加快田间学校建设的意见》，浙江省全面启动农民田间学校建设工作。

截至2022年底，全省已经建立400家农民田间学校，覆盖11个设区市的82个县（市、区），涉及粮油、蔬菜、水果、水产、畜禽、蚕桑、茶叶、食用菌、中草药、花卉苗木、乡村文旅等产业。十年来，浙江省农民田间学校在高素质农民培育中发挥了重要作用，已累计承办各类农民培训2 400多期，培训学员18万余人次。

各地在实践中，把田间学校建设与科普示范基地创建、科技示范户评比等有机结合在一起，充分发挥"土专家""田秀才"的示范引领作用，使资源得到有效整合。比如：

★宁波市象山县柑橘技术服务中心是象山县设在橘园旁的"田

---

① 亩为非法定计量单位，1亩＝1/15公顷。

间学校"，已举办60余期技术培训，带动当地19个村发展"红美人"产业。

★兰溪市孟塘果蔬专业合作社是浙江省首批农民田间学校，辐射带动周边3个乡镇农户种植蔬菜，种植面积达5 000多亩。

★杭州市余杭区径山书院是省级实训基地，也是首批全国共享农民田间学校，其核心团队为平均年龄不超过30岁的现代知识青年。书院积极探索联农带农利益联结新模式，联合周边茶园、果园、农场、民宿及农家乐近8 000亩，近三年帮助村民消化存量民宿客房6 000间夜，卖出大米、茶叶、水果等农副产品近2 000万元，共接待游客40余万人次。目前与周边民宿合作的床位数已达5 000余个，住宿客流量不断向外溢出，直接带动本地近300人就业。

二、高素质农民培育质量持续提升

（一）培训规模稳定发展

农民培训按照分级分类原则组织实施，每年由省农业农村厅统筹征集各市县、各厅局产业条线农民培训需求，结合资金安排和中心任务确定年度培训计划，由省市县分层组织实施。省级层面重点抓好产业带头人培训，市级层面重点抓好主体负责人培训，县级层面重点针对小农户开展实用技术轮训。近年来不断探索专业化、小班化办学，不断推出适应发展需求的培训行动，十年来培训高素质农民和农村实用人才173.8万人次（图2-1）。

万人次

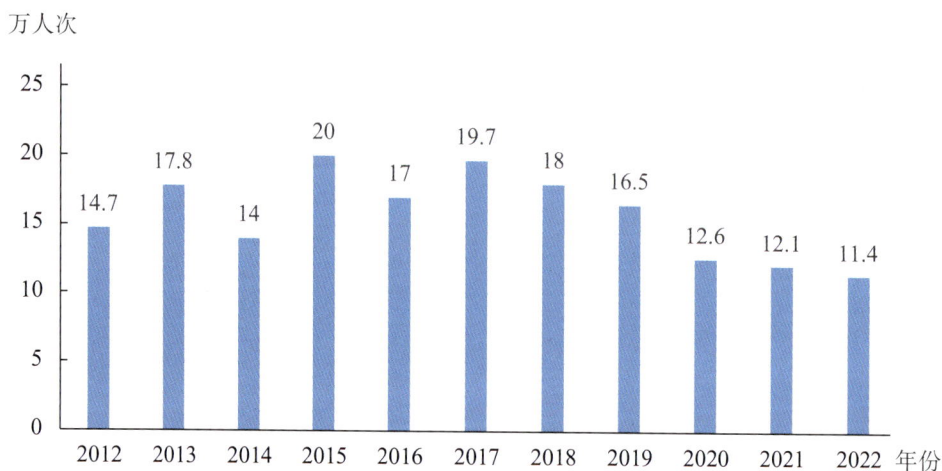

图2-1 全省农村实用人才和高素质农民培训人次

（二）培训内容丰富多样

针对"三农"工作阶段性的重点、难点、痛点，农民培训主管部门和培训承担机构坚持需求导向，对接一线生产，制订符合当地产业发展和农民实际需求的培训项目及课程体系，在培训内容的设置上坚持"农民需要什么就培训什么""社会需要什么就培训什么"。

在实施"千万农民素质提升工程"初期，突出转移就业培训。针对"农民就业不充分、工资性收入难增长"等问题，致力于提升农民劳动技能和促进农村劳动力转移就业，大量开设保姆、保安、保绿等家政类技能培训和汽车修理、数控车床、服装加工等工业技能培训，一大批农村富余劳动力转移到城镇、转移到二三产业，转移就业率达到85%。

在实施"千万农民素质提升工程"中期，注重农业生产经营培训。针对"农民生产缺技术、农业经营缺管理"等问题，致力于提升农民生产技能和促进农业主体发展壮大，重点举办农业种养加等生产技能培训和农业企业、农民合作社创建发展等经营管理培训，一大批高素质农民和乡村职业经理人迅速成长。

在实施"千万农民素质提升工程"新时期，注重创业创新人才培育。特别是党的十九大以来，随着乡村振兴战略的深入实施，"千万工程"的不断纵深推进，乡村"五大振兴"齐头并进，对农民素质、乡村人才提出了更高要求，将培育拥有新理念新知识新技能的"新农人"作为重点，培训内容更丰富、涉及面更广，既有农村一二三产业培训，又有党建统领、基层治理培训，还有乡村农旅、智慧农业、数字乡村、农村电商等新业态培训，一大批"头雁""农创客""乡村播客""乡村运营师""未来农民"逐渐成长，成为乡村振兴的主力军。

总体而言，近年来的一个重要发展特征是：培训内容从一产向二三产业转变。紧紧围绕产业链设计培训课程，由农业生产技术为主，向农产品加工、乡村休闲旅游、市场营销、企业管理、电子商务、家政服务等乡村经济社会发展全方位转变，在种植养殖业、乡村旅游、民宿经济、家政服务、农村电商、乡村管理等多领域均衡发力，统筹加强生产技术、组织管理、经营管理、品牌营销、政策解读、法律法规等内容教育培训。据统计，全省年均有8万余人涉及二三产业培训。

图2-2　2022年选进班级前10类课程

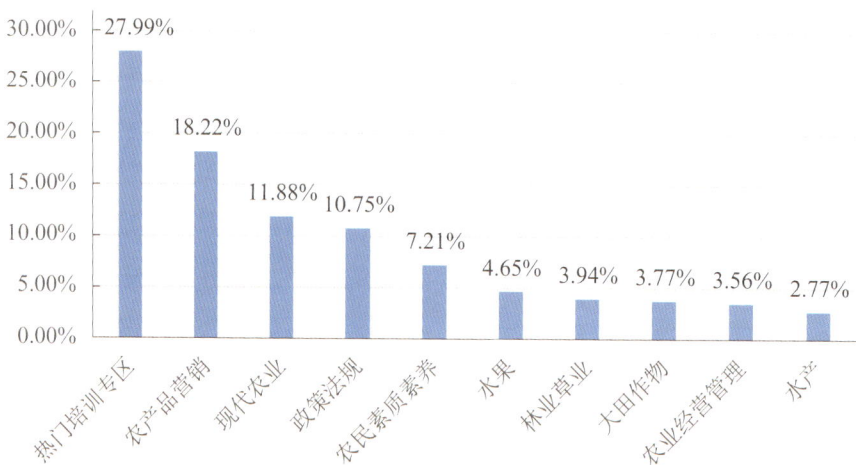

图2-3　2021年选进班级前10类课程

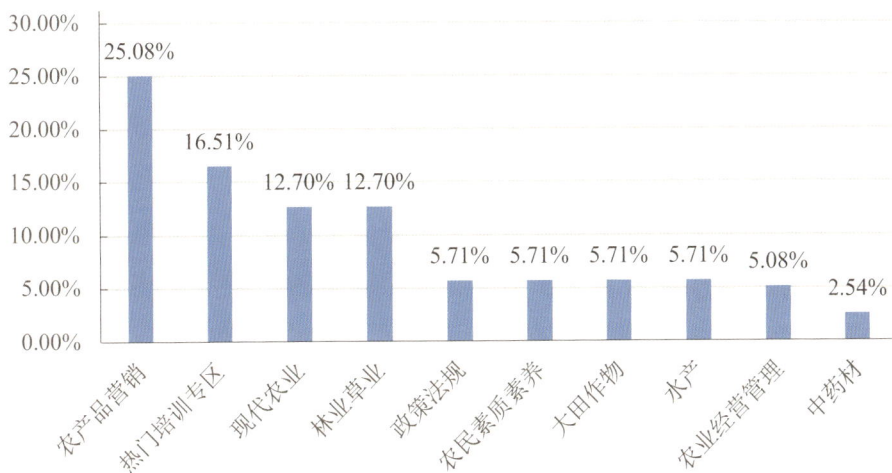

图 2-4　2020 年选进班级前 10 类课程

表 2-1　2022 年选进班级前 15 的课程

序号	课程名称
1	电商助农：农产品直播卖货怎么说才有效！
2	直播带货：如何把优质农产品变成真金白银？
3	走进田园，振兴乡村：农业经理人的进阶之路
4	西式面点的制作
5	广式面点的制作
6	数字时代农村电商发展路径与创新方法
7	短视频发展及拍摄流程
8	《中华人民共和国乡村振兴促进法》解读
9	2021 年中央一号文件精神解读
10	深入实施乡村振兴战略，促进农民专业合作社管理经营专业化发展
11	遇见更好的自己：农业经理人怎么做才专业
12	茶与健康
13	农村电商产业发展与实践探究
14	如何建设和运营一家民宿？
15	民宿理念里的乡村文化与传承

从近三年课程选择来看，农产品营销、农业经营管理成为农民培训需求的热门方向（图2-2至图2-4，表2-1）。比如，衢州市村播学院开设的直播及短视频营销课程培训1.3万余人，年村播带货量超18.78亿元。开化县构建起"基地＋企业＋主播带货"模式，举办村播培训活动340余场，年销售农产品3亿元。永康市高标准打造设立青年网商创业孵化基地，依托培训基地打造完整电商人才培训闭环，开展的电商、微商量、直播、平台等专业年培训4 000余人，促进网店达到9万余家，带动25万人就业，年网络销售达到644亿元。

（三）培训模式创新涌现

为进一步顺应农业农村现代化的发展趋势和高素质农民的培训需求变化，浙江主动作为、先试先行，探索形成了一批"培训＋党建""培训＋学历""培训＋品牌""培训＋孵化""培训＋服务"等高素质农民培训新模式。

1."培训＋党建"模式

（1）乡村振兴讲习所。乡村振兴讲习所是以"三农"政策宣传、乡村文明建设、村务管理和农业技术培训为主，依托党校、镇村文化场所、乡村文化礼堂、村委会驻地等阵地，构建的"1＋1＋N"讲习阵地。以"三农"专家、县乡机关干部、优秀村支部书记、教师、技术能人等为讲师团队（图2-5）。以上门指导、集中授课、田间实践、村头活动等喜闻乐见的形式开展培训。按需点单，因需施教，时效性强、实用性高、针对性强，乡村振兴讲习所已经成为凝聚乡村振兴力量、宣传党的方针政策、弘扬传统文化、开展农技培训的重要模式。

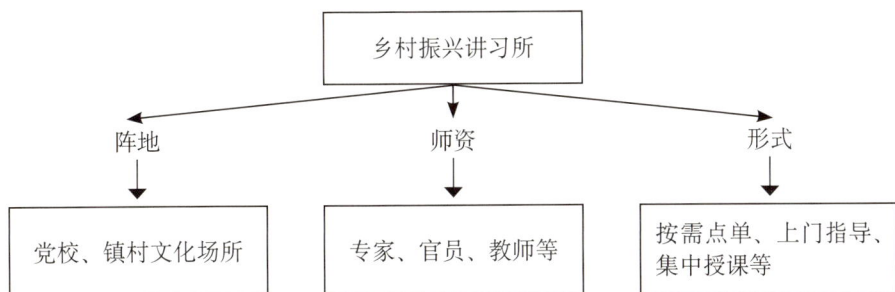

图2-5　乡村振兴讲习所培训模式

★**丽水市异地讲习所**。丽水市建立4个市级、36个县级、173个乡级、2 479个村级乡村振兴讲习所，2020年开展各类讲习4 000多场次。庆元县龙溪乡在嘉善县为当地种植食用菌的农户开办了首个异地讲习所，成立了党支部，并帮助外出农户成立合作社，送去最需要的医疗保险、养老保险、种植业保险知识培训和大棚种植技术培训。莲都区在贵州省为7 000家超市的1.5万名从业人员，依托当地商会成立贵州莲都超市商会乡村振兴讲习所，组织丽水开放大学讲师团赴贵州开办超市管家培训，实行一站式上门培训服务。通过培训，学员调整超市经营理念，改变经营方法，努力打造莲都超市品牌，抱团发展异地超市经济，为当地经济发展贡献力量。

★**湖州市安吉县孝丰镇农民讲习所**。以镇农民讲习所为统领，19个行政村都设立了农民讲习所，全镇有讲习员库，设有政治讲习员、政策讲习员、技术讲习员、文明讲习员、经济讲习员五类，实行讲习员晋级制度。同时加强讲习成果运用，把讲习所的运行与党组织的主题党日有机衔接，按照"群众要听什么，讲习所就讲什么"的原则，以群众点单、讲习员配菜的方式宣讲政策、讲授技术、讲解产业。通过跨村讲、跨村学、跨村听，有效促进了乡村治理和乡村发展。

（2）农村实用人才"三培养"工程。"三培养"工程是把农村实用人才中的优秀分子培养成党员，把农村优秀党员干部培养成实用人才带头人，把优秀党员实用人才培养成基层党组织带头人。

★**杭州市余杭区**实施农村实用人才"三培养"工程，按照"有本事、靠得住、群众公认"的标准，大力培养农村致富能人。"三培养"期间共培育了1 520名农村实用人才，发展党员100余名，有216名党员纳入实用人才队伍。培养村干部50余名。建立农村党员"创业孵化园"，为实用人才中的党员掌握1～2门实用技术提供平台，使党员每户都有致富项目。根据全区14个不同农林产业和专业的规模大小，聘任产业中195人为"农民大师"，给予每人每月100元补助，在全区范围内评选"十佳农村实用人才"并予以表彰，使致富能手、党员干部学有榜样、赶有方向。

（3）乡村治理人才培训。乡村振兴战略提出以来，培训对象从农民向管理服务人才延伸，把乡村治理、三资管理、集体经济管理、美丽乡村建设、垃圾分类、乡村休闲农业等纳入培训主题方向。在省级层面，2021年从全省遴选100名新当选村支部书记开展能力提升培训。2022年浙江承办全国高素质农民培育（兵支书）试点启动仪式，分片区开展支部书记轮训。据统计，近五年全省有26 285名村"两委"成员，8 000余名乡村文艺工作者，9 000余名水利、植保、农机等服务管理人员参加专题培训（图2-6）。乡村治理服务人员的培训为乡村产业振兴、文化振兴带来了生机活力。

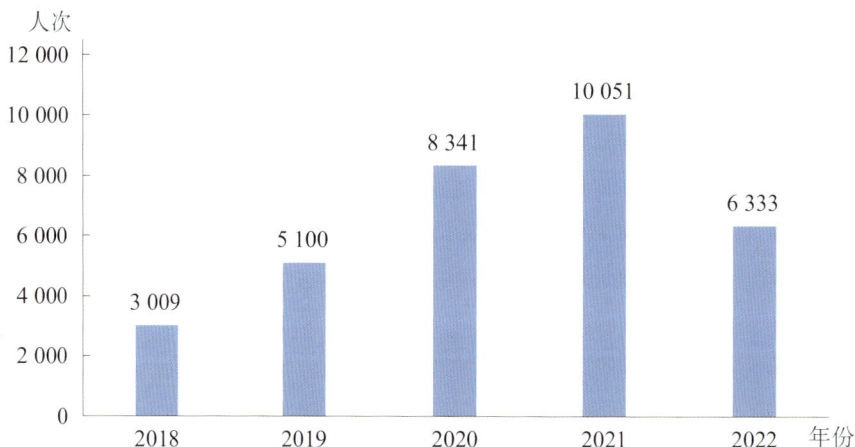

图2-6　近五年浙江省培训村干部人数

★**台州市**开展千名村干部学历提升行动和市级示范头雁培训。"千人同班、九地同步、八校同期"协同管理，累计培育村级后备管理人才近5 000名、重点村社书记300余名，系统提升了基层党组织带富、创富和治理能力。**宁波市**开展了村"两委"成员轮训。**衢州市**农业农村部门与组织部联动开展村干部培训。**舟山市**打造"海上领头雁，掀起新浪潮"村干部培训品牌。**杭州市**针对换届后的村"两委"班子开展领头雁培训。**瑞安市**抓好村"两委"村支部书记、村主任这个关键，对23个乡镇908名村干部开展了轮训，并开设女干部专题班，发挥妇女半边天作用，相关做法在全国培训会议上做典型发言。

2."培训＋学历"模式

浙江省较早开始探索农民学历教育，2020年教育部等九部门印发《职业教育提质培优行动计划（2020—2023年）》，提出推动学历教育与职业培训并举并重。农民"培训＋学历"直升通道进一步拓宽。针对高素质农民开展学历教育，其目的不是单纯地拿个中专或大专文凭，而是提升其管理水平、技术能力，能直接见到实实在在的效果。浙江将高素质农民的学历教育与专业技能培训、创业培训相结合，走出了一条政府兜底、注重实践、长期服务、学以致用的"培训＋学历"模式。这种模式注重实战能力和视野开阔，把创业意识和创新思维的培养融入培育全过程，培养视野开阔、掌握现代农业知识和运营管理的高素质农民。通过探索学分制管理，根据农时季节实行弹性学时，开展一对一的专业和创业精准服务指导，学以致用，以用促学。比如：

★**现代农业经营领军人才提升班**。2010年，由浙江省农业农村厅和浙江农林大学联合开办，学制2.5年，其中理论学习1.5年，教学实习、专题研讨和现场实践等1年。学员通过毕业鉴定后，由浙江农林大学颁发成人高等学历教育的本科毕业证书。本科毕业生符合学位授予条件，由浙江农林大学授予国家承认的成人高等学历教育相应专业学士学位。

★乡村产业振兴"头雁"培育。2022年，乡村产业振兴带头人培育"头雁"项目启动，浙江农林大学作为承办高校之一，发挥学历教育优势，推进农民培训与学历教育学分互认，建立"头雁"培育与学历教育衔接制度，参加"头雁"培训学员顺利结业者（结业证书），可获得学历教育学分并存入"学分银行"，无条件用于置换学历培养非学位课程学分，获得培训学分学员享有成人学历教育相应课程免修权利，在职称评定中按照本科学历对待。参加"头雁"培育可得20学分左右，一般本科学历教育（成人）培养的总学分为80学分左右，占本科学历教育总学时的1/4以上。

★台州市农民学历提升培养。台州市建立农民学历提升长效机制，积极探索"政府补一点，电大让一点，单位助一点，学员出一点"的"四个一点"农民教育培训多元化投入模式，开拓了一条"学历培养＋技能培训＋创业实践"的培养模式（图2-7）。累计培养农民大中专学生22 581人，其中大专学历12 254人、本科学历477人、中专学历9 850人。全市认定了5个省级和25个市级农民大学生教学实训基地，成立了农民大学生创业协会，建立了9个农民大学生

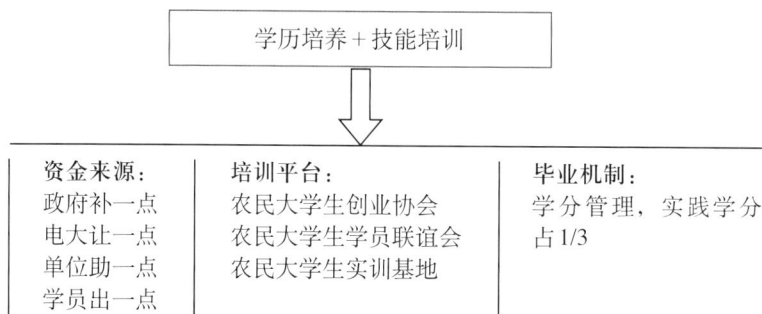

图2-7　台州市农民学历提升培养模式

学员联谊会，实施学分管理制度，实践学分占比1/3以上，大幅度提升了学员的创业成功率。

★**温州科技职业学院弹性学分制**。温州科技职业学院通过"育训结合"，打破学历教育与职业培训壁垒，实施"学分互认"，对农民学员开放全日制在校生的课程、讲座等，在全省率先开设成人学历教育弹性学分制和"课程超市"，除了2门公共必修课和4门本专业核心课程，还开出近90门课程供学员选择，学员可以根据自己的文化基础、实际需求，选择16～18门课程，修完85学分即可毕业（图2-8）。该模式最大亮点在于不是单纯注重学历深造，而是注重因材施教，强化能力提升，注重解决生产、生活一线难题，让学员真正学有所成、学以致用。

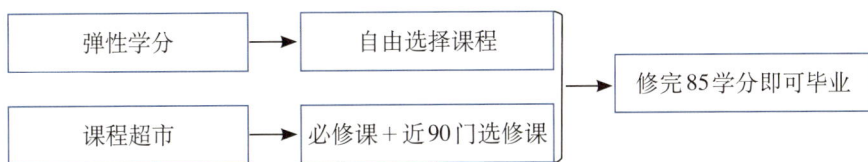

图2-8 温州科技职业学院"课程超市"模式

3."培训＋品牌"模式

以打造"培训品牌、人才品牌"为目标，以县域为单位，立足区域经济发展，深入挖掘品牌内涵，积极拓展品牌外延，创新品牌运营推广，不断提升品牌价值，推动从劳务培训品牌向销售品牌、扶贫品牌、工匠品牌、党建品牌等综合品牌转型升级。

★**"建德草莓师傅"品牌**。建德市立足草莓产业，专门成立了负责草莓种植培训服务的草莓办，紧紧围绕三大战略：一是深入推进建德草莓小镇建设，大力实施平台化战略；二是全面加强草莓区域公用品牌建设，大力实施品牌化战略；三是积极发展草莓"总部经济"和异地种植，大力实施"走出去"战略。制定专题培训方案，组织莓农开展专业技术能力提升培训，开展职业技能等级认定，累计发放"建德草莓师傅"证书7 038人，其中569人获得了高级职业证书，337名莓农通过培训考核获得了高级工证（图2-9）。草莓年产值达到30多亿元。

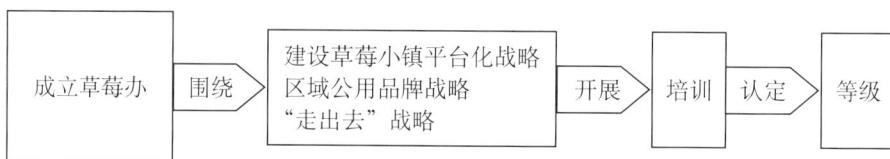

```
┌──────────┐      ┌──────────────────┐      ┌──────┐ ┌──────┐ ┌──────┐
│          │ 围绕 │ 建设草莓小镇平台化战略 │ 开展 │      │ 认定 │      │      │      │
│ 成立草莓办 │─────▶│ 区域公用品牌战略      │─────▶│ 培训  │─────▶│ 等级  │
│          │      │ "走出去"战略         │      │      │      │      │      │      │
└──────────┘      └──────────────────┘      └──────┘ └──────┘ └──────┘
```

图2-9 "建德草莓师傅"培养模式

★丽水市"农三师"培训品牌。"农三师"（农作师、农商师、农匠师）培训品牌，以首席专家、本土专家示范引领传帮带为主要模式，开展分级分类分阶段培养认定。对创业成效明显的"农三师"推荐担任各级"两代表一委员"，吸纳进对应行业专家库、师资库，支持其参与课题研究并给予经费支持（图2-10）。被评定为中级"农三师"的给予一定额度的人才资助；对新入选高级"农三师"给予一次性3万元资助，入选5年内享受E类人才待遇；被评定为金牌"农三师"的入选5年内享受D类人才待遇。2022年出台《丽水市"绿谷英才"乡土精英选拔管理办法（试行）》，每年评定乡土精英20名享受E类人才待遇，给予60万元购房补助。截至2022年，丽水市培育"绿谷英才"乡土精英20人，累计培育中级"农三师"1 134名，高级"农三师"180名。如高级农三师李春萌，带动4 500多户农户种植茭白，辐射周边基地1.6万多亩，并在四川、贵州等9个省开展茭白扶贫，2021年被党中央、国务院授予"全国脱贫攻坚先进个人"称号。

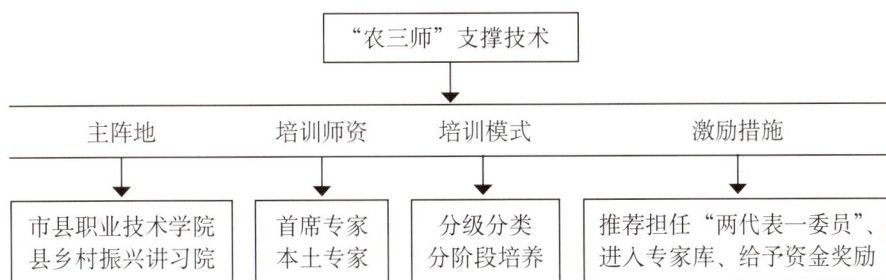

图 2-10 丽水市"农三师"培养模式

4. "培训＋服务"模式

该模式主要针对有一定基础的高素质农民，如农场主、青年农场主（农创客）、种养大户、农业企业骨干等，从培训向创业创新服务延伸，将农民培训不仅作为传授知识、技艺的课堂，更发挥其服务"三农"的重要作用，帮助农民解决在创新创业或实际生产生活中遇到的问题和困难。

★浙江农艺师学院领军人才培养。该项目基于顶层设计和依托农科力量，实现了精准培训和综合服务的系统协同。一是研发了创业业绩评价体系。该体系由10个一级评价指标、35个二级评价指标及权重组成，能够科学选拔出一批综合素质高、创新能力强、带动作用大的农业领军人才。二是实施双导师制。创新实施了"专业导师＋创业导师＋导师团队"的"双导师"制，通过学员与导师间的双向选择形成师徒结对。因材施教传授学员创业经验，指导学员破解生产经营难题，帮助学员对接市场资源。三是搭建产学研用融合平台。浙江农艺师学院积极整合政府、科技、资本、市场、社会等各类资源，对学员持续进行技术指导、成果转化、创业支持等跟踪服务和优先赋能，努力将农艺师学院建设成为农业科技成果转化和示范引领推动的重要载体（图2-11）。

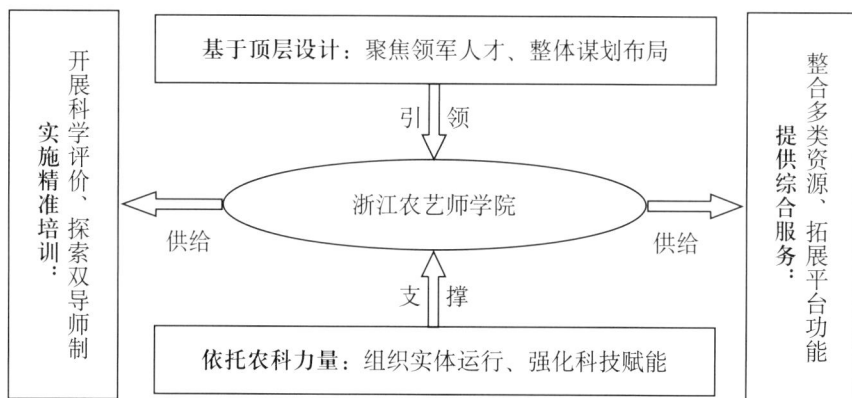

图 2-11　浙江农艺师学院模式创新的核心特征

　　实践表明，农民职业教育培训机构在为学员提供创业创新服务方面具有平台性优势，能够通过理顺集体行动、加速信息传递、降低不确定性等方式，有效减少服务供需对接的交易成本，促进乡村创业创新要素自由流动与开放共享，助力乡村人才广泛参与创业创新、共同分享改革红利和发展成果。

　　★农创客培养计划。针对年龄45周岁以下，在农业领域创业创新，担任农民专业合作社、农业企业、家庭农场等农业经营主体负责人（青年农场主）的高校大专以上毕业生开展农业领域创业的系统性培训。以惠农政策、品牌建设、法律法规、融资贷款、财务管理、互联网思维等为重点，从"怎样卖好产品""怎么用好网""怎样不踩雷""怎样融到钱"等实际需求安排专题讲座，举办"对话技术""对话资本""对话新零售"等主题活动，确保每堂课都有"含金量"。学员通过参加农博会，众筹项目发布会、种子种苗博览会等各类活动，与创投机构、金融与保险机构接触交流，开拓思路、提升理念、挖掘项目。浙江省农创客发展联合会会员已发展到400余人，金华、衢州、青田等地都成立了地方分会。富阳区建成全省首个农创客小镇，推动全省农创空间和农业创业园建设，孵化帮扶更多农创客提高创业成功率（图2-12）。

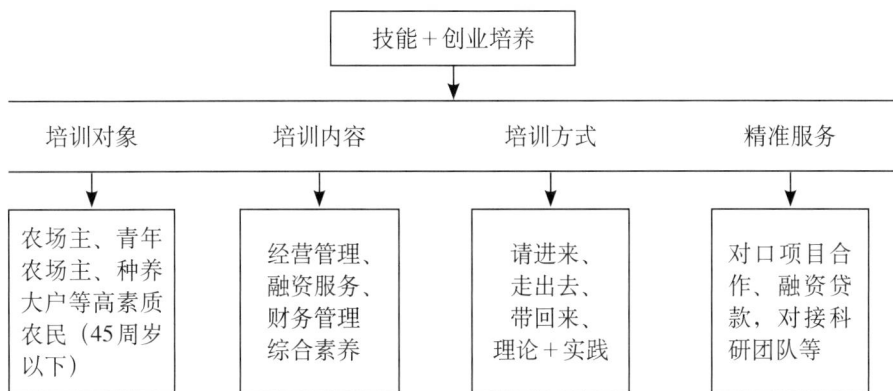

技能＋创业培养

培训对象	培训内容	培训方式	精准服务
农场主、青年农场主、种养大户等高素质农民（45周岁以下）	经营管理、融资服务、财务管理综合素养	请进来、走出去、带回来、理论＋实践	对口项目合作、融资贷款，对接科研团队等

图2-12　农创客培养模式

★杭州市新型农业经营主体（中药材）政产学研用一体化示范培育项目。杭州市农业农村局"小切口大牵引，创新培育模式"，开展新型农业经营主体（中药材）政产学研用一体化示范培育项目，通过三年全产业链培育，旨在培育一批了解产业行情、掌握种植技术、饱含爱农情怀的乡土专家，提升中药材经营主体产能，带动周边农户致富，拉动乡村经济增长。该项目以高素质农民培育为载体、以科技项目化管理模式开展，依托院校合作，为经营主体提供政策咨询、集中专题培训、点对点现场指导服务。采用"理论学习＋实践操作＋训后服务"的循环式培训模式为学员产业提供服务，不定期组织专家团队赴学员基地"问诊把脉""对症下药"，组织学员与胡庆余堂的采购经理面对面对中药材产品标准及市场需求进行讨论，组织学员专题讨论开展中药材联合体创建，组织灾后重建指导，开展基地种源品质检测等，把课堂搬到地头，将实践用在田间，面对面讲解，手把手指导，提供训后服务之际，夯实学员理论基础，补齐农户技术短板，增强学员辐射效应。

（四）培训师资逐步夯实

1.培训教材日渐丰富

充分发挥省农广校、农民大学各校区科研资源优势，自编教材60余册（套），采编教材340余册（套），开发24本"乡村振兴战略·浙江省农民教育培训丛书"，突出主导产业、特色农产品的种养加技术、先进农业机械装备及现代农业经营管理等内容，其中3本被列入全国高素质农民培训推荐教材，6本被农业农村部列为全国农民培训优秀教材，已发行20万余册。录制征集微课300余部。各县（市、区）组织开发200余部乡土教材，初步形成了门类齐全、内容丰富的农民培训教材体系。温州科技职业学院的2本（套）培训教材入选农业农村部"十三五"规划教材。此外，组织校区、农民学院分校推荐各类适用教材200多部。初步形成了门类较全、特色突出的教材体系。

2.师资结构更趋合理

充分考虑实际需要，既有理论型又有实践型；既有管理型又有技术型；既有来自知名高校、院所的鸿儒大家，又有普通高校、院所的教师；既有农业龙头企业的企业家，又有农民专业合作社、家庭农场的负责人，更有技术熟练的一线生产服务者；既有政府人员，又有农技推广人员；既有农业农村部门，又有科技、共青团、经信、妇联等部门参与（图2-13）。2022年，浙江遴选3 250名乡村农匠，其中省级农匠300名，进一步充实双师型师资队伍。目前，已经形成门类齐全、经验丰富的教师队伍，入库师资7 000余人。此外还有各地、各培训机构师资库外聘请的授课老师，农业企业、合作社、种植业大户等的骨干技术管理人员。基本形成了一个师资配备结构合理的农民培训师资队伍（图2-14）。

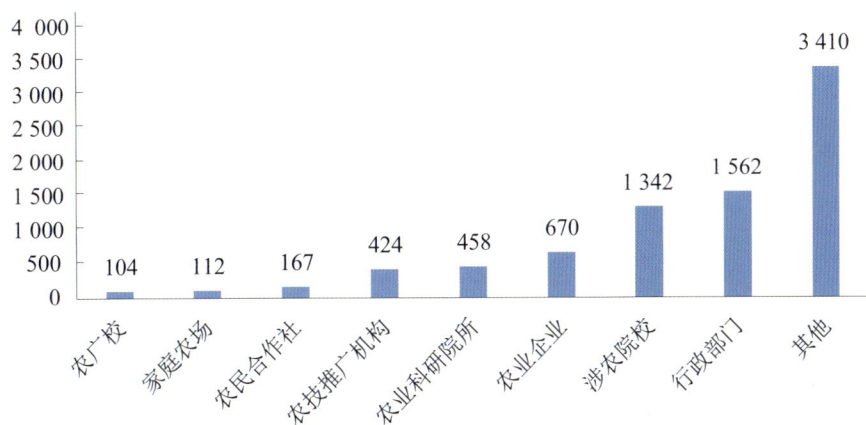

图 2-13　培训师资来源

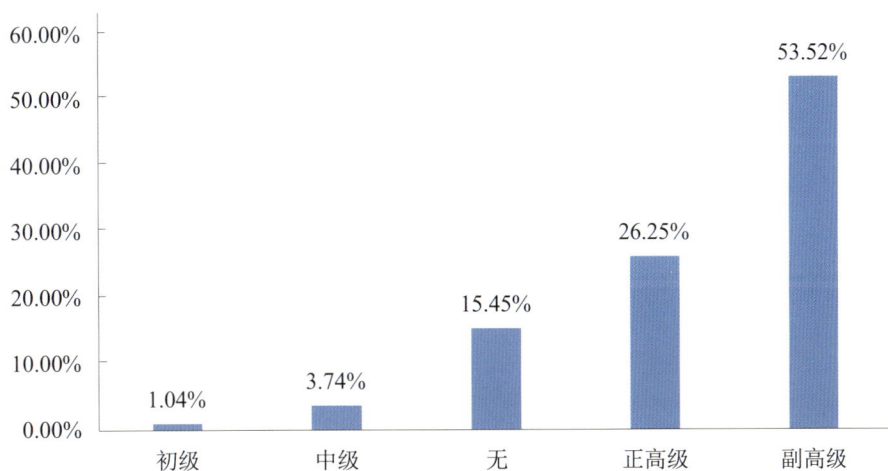

图 2-14　培训师资职称结构

3. 课程设计与时俱进

适应各阶段农民培训需求、农业产业发展、市场业态情况、乡村建设需要，开发100余个不同主题的培训程序包。特别是2020年

"浙农学堂"开设以来，通过购买服务、平台录制等方式制作上传视频课件2 000余部，共享全国课件5 000余部。从课程内容看，在农业生产方面从传统粮油到新品种果蔬，在经营管理方面从产品销售到企业管理，在产业类别方面从农业一产到三产融合发展，在业态发展方面从传统种养到农村电商，在乡村建设方面从美丽乡村到美丽经济，基本上覆盖了浙江省农业十大主导产业种养技术、乡村经营管理、企业经营管理等农业农村产业发展各领域。

三、高素质农民培育保障逐步健全

（一）组织领导不断强化

"千万农民素质提升工程"实施以来，浙江省不断加强农民培训的组织领导，2013年浙江农民大学正式成立，由省委副书记担任校长，分管省长担任副校长，农民培训组织领导达到前所未有的高度。2014年10月31日，省委副书记兼校长王辉忠出席第一期培训学员结业典礼。2015年5月14日，浙江农民大学召开第一次校务委员会，省委副书记兼校长王辉忠出席，17个成员单位负责人参加。2019年省委人才办印发《关于加强乡村人才振兴的实施意见》，提出要加强高素质农民培育。2021年省委办公厅、省政府办公厅印发《关于加强乡村人才振兴的实施意见》，把高素质农民和农村实用人才培育作为重要发力方向。

特别是2018年底机构改革后，新成立的农业农村厅牵头负责农民培训工作，农民培训进一步纳入省委人才办年度述职内容和各级政府乡村振兴考核指标。2022年进一步完善绩效考核机制，实行综合评价，评价得分直接折合乡村振兴考核分数。市县层面普遍成立了农民培训工作领导小组，部分县市将组织领导体系延伸至乡镇和村级层面，成立了镇级领导小组和村级农民培训工作服务站。台州、温州、丽水、衢州等地由党委政府领导挂任相关工作领导小组组长，出台专项行动方案。2022年绩效评价中，省市县三级党委政府领导批示近200次。初步形成了党委统一领导、农业农村部门牵头实施、相关部门分工负责的工作推进机制，形成了覆盖省市县三级、向镇村延伸的领导组织体系，形成了全省推进农民培训工作的强大合力。

★**台州市**成立农民培训领导小组，2022年市级财政投入1 000万元，实施"百万农民大培训"。切出专项资金用于农民培训数字化建设，上线"台农学"，在农民画像及末端数据应用方面进行了率先探索。特别在瓜果类地瓜经济方面持续发力，带动1万多人种植瓜果，年产值近百亿元。

★**衢州市**加强农民培训统一规划，每年投入地方财政1 000万元，依托区域特色因地制宜开展乡村治理、产业、商贸、旅游、文化等"一村一品"培训品牌建设，形成"金星""早上好"党建培训、余东"农民画"文化培训、"龙和渔业"农旅培训、"柯城村播"电商培训、"常山阿姨"技能培训品牌。"衢州保姆"入选"全国十佳劳务品牌"，"衢州月嫂"获人社部全国创业创新优秀项目。全市培育10亿元以上产业链10条。

★**丽水市云和县**政府和各乡镇（街道）专门成立高素质农民培育工作领导小组和培育办公室，同时在行政村组建农民培训转移服务工作站，构建了县乡村三级高素质农民培育组织体系。每年制订培育计划，召开推进会议，由县人民政府与各乡镇部门、各乡镇与各行政村、工作人员层层签订了目标管理责任书，形成了县、乡（镇）、村联动的责任落实工作机制。打造了云和香菇师傅、云和学历等培训品牌，年产值超100亿元。

（二）资金投入持续发力

2012—2022年，浙江高素质农民培训项目共拨付中央及省级资金11.67亿元，包括中央资金2.91亿元，省级资金8.76亿元。各地加强资金配套，开展有特色的自选动作，如近两年，杭州市本级年预算600余万元，实施"1256工程"。丽水市预算1 000万元，实施"百万农民大培训行动"。衢州市预算1 000万元，实施"新农人大培育"行动。浙江省农民培训资金投入和来源情况见图3-1、图3-2。

万元

图3-1 浙江省农民培训资金投入情况

万元

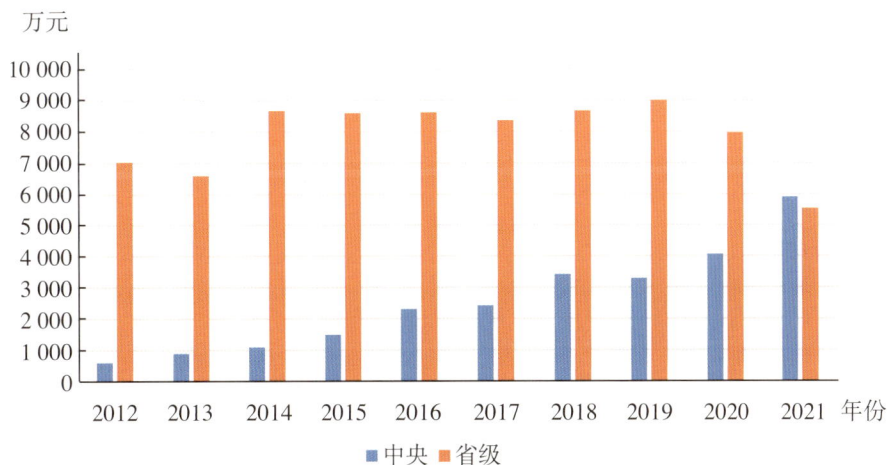

■中央 ■省级

图3-2 浙江省农民培训资金来源情况

省财政补助资金采取因素法转移支付到地方，其中省市示范性培训按照年度计划人数补助，省市培训的补助一般标准：短期班（5

天、40学时）人均补助2 000元，提升班（8天、64学时）人均补助
3 000元，研修班（15天、120学时）人均补助6 000元。对农村实
用人才和就业技能培训按照年度培训计划人数，分别按1 000元/人、
800元/人的标准测算，采用两类六档转移支付系数，并考虑省补助
资金预算总额等因素进行测算后补助，各地根据实际培训需求，统
筹使用资金，不足部分由县（市、区）财政解决。各级地方政府根
据当地实际情况加入配套资金。

（三）管理体系更加健全

1. 管理制度更加完善

浙江省农民培训工作起步较早，早在2008年，中共浙江省委办
公厅、省政府办公厅印发《关于加强农村实用人才队伍建设和农村
人力资源开发的实施意见》，提出了生产能手、经营能人、能工巧
匠、专业技术人员培养目标。重点抓好致富带头人、科技带头人、
经营带头人培养。要求建立健全农村实用人才认定和评价制度。明
确了党委统一领导，组织部门牵头抓总，人事、农业部门具体负责，
相关部门共同参与的工作机制。

2010年，省财政厅、省农科教协调领导小组办公室联合印发
《关于浙江省中高级农村"两创"实用人才培训项目和资金管理办法
（试行）的通知》，明确了培训对象、培训方式、培训标准、培训机
构条件。

2015年，省农业厅、省农办印发《关于加快推进新型职业农民
培育工作的意见》，提出建立教育培训、认定管理和政策扶持"三位
一体"培育环节，生产经营型、专业技能型、专业服务型"三类协
同"，初中高证书"三级贯通"的新型职业农民培育制度。

2019年，农业农村部科教司印发《高素质农民培育规范》，规定高素质农民范围，即年满16周岁，正在从事或有意愿从事农业生产、经营、服务的务农农民和返乡入乡创新创业者。并规定同一层级培训学员与上年度重复率不能超过8%。把高素质农民分为：经营管理型、专业生产型和技能服务型。明确了培训模块、考核评价、参训层级等。

2021年，农业农村部科教司完善印发《高素质农民培训规范》，取消了学员重复比例的规定、培训课时的规定，进一步明确了线上课程、综合素养、实习实训等课程内容比例，明确专业生产型和技能服务型实践课程不少于2/3，进一步强化绩效考评和计划任务挂钩机制。

2022年，根据数字化应用和农民培训的新形势，浙江省农业农村厅联合省财政厅印发《关于加强农民培训管理的通知》，文件明确了省市县培训的班次类型和培训对象，重塑基于数字化管理的开班流程。首次对农民培训从任务完成、资金使用、领导重视、模式创新、新闻宣传、促富成效等多方面进行综合考评，纳入乡村振兴考核体系。明确了资金任务可以直接下达培训机构。文件对培训对象、培训标准、资金使用、过程管理、绩效评价等做了规范，实现了全省农民培训管理一盘棋，又给各地留足了自选动作和创新空间。

按照省级管理办法和指导意见，各市、县（市、区）组织开展了农民教育培训制度的检查、清理和修订，推动农村实用人才和高素质农民计划审批、对象审核、检查考核、跟踪服务等工作流程的规范化和标准化，规范管理水平有较大幅度的提升。

★丽水市制定《丽水"农三师"人才选拔评定管理办法》（丽农办发〔2018〕15号），规定了丽水"农三师"人才的选拔范围重点从涉农主导产业、特色产业、优势产业中选拔产生，选拔评定程序采取县（市、区）推荐评定中级"农三师"并推荐参加高级"农三师"

评选；实行动态管理，定期对丽水"农三师"人才产业发展业绩和示范带动效能进行绩效评估。制定《丽水市级农民培训项目管理实施细则》（丽农办〔2018〕11号），明确了市农办、市直培训项目主办部门、培训机构等各方职责以及培训对象、培训资金使用限额、培训时间和培训机构等内容。

★湖州市把农民培训列为全市农业农村工作"十项重点工作"之一，衢州市把农民培训工作纳入十大民生实事。台州市开发"台农学"强化供需对接和适时监督管理。温州市实行每季度进度通报，加强调研和工作督导，树典型，抓示范，推动工作落实。完善培训工作机制，对培训工作计划审批、项目申报、对象审核、发证考核、跟踪服务等环节进行审核把关，完善考核制度。绍兴市柯桥区建立农民培训微信监管群，对列入计划的每一个培训项目在开班、上课以及考试三个时间段拍摄现场视频，并即时发送给区农培办工作人员。

★衢州市龙游县通过加强第三方监管，农民培训实效得以有效提升。一是比选督查机构，购买第三方服务。比选确定一家具有审计资质的第三方培训督查机构，督查机构确定专人负责本年度督查工作，记录每个培训班的开展情况及每次督查的各类数据，在每个培训班结束后及时出具评价报告，并在年度培训任务完成后，出具年度资金绩效报告。二是把关课程设置，规范培训审批。每个培训班开班前一周，各培训机构将培训课程安排表发县农业农村局审批，同时抄送给第三方督查机构，方便第三方督查机构核对课程安排、师资力量、培训时间等内容。配合县委县政府中心工作需要，第三方还负责督促培训机构及时调整培训内容，如培训内容增设党史学习、衢州有礼、疫情防护等相关内容，确保学员来有所学、学有所获。三是建立培训群组，消息动态发布。建立农民培训群，将培训机构负责人、第三方督查机构负责人邀请进群，所有涉及培训的事项全部在群里发布，培训机构在办班期间也能及时发布培训动态消息，方便监管。遇上台风"烟花"来袭等突发事件，及时在群内发布安全提醒消息和暂停培训通知，各培训机构也能互相提醒，互相监督，确保监管工作无死角。

2. 数字化管理更加高效

近年来，浙江在高质量开展线下培训的基础上，积极推进高素质农民培训方式的数字化变革。2020年，整合部省农民培训信息管理系统合二为一，上线"浙农云"官网及APP，官网主要以浙江省农民教育培训信息管理系统、田课在线学习系统、农民培训申报、师资申报、基地申报、在线教育、我的培训班、图文资讯等功能版块组成，实现了行政管理部门、培训机构、农民学习三位一体的管理平台及学习平台。官网首页滚动式推送省内最新直播资讯，实时更新最新教学课程，农民可自主选择其感兴趣的视频课程内容免费进行观看学习。

浙农云APP实现了农民手机应用端，实现农民教育培训在线学习全流程的管理及跟踪。农民可通过开班公告自主申请加入班级学习，在公共区域也可按自己感兴趣的视频课程免费选择观看学习。已参训班级可进行签到、评价、线上课程学习等操作。

浙江省农民教育培训信息管理系统由培育对象库、培育单位库、培育师资库、培育基地库、培育教材库、教育培训班、项目管理7大主题组成。培训机构开班申请、审核、师资及课程安排、考察基地安排、学员签到、课程满意度评价，实现全流程跟踪追溯。2022年，浙农云全部对接浙里办，上线我要组班、我要报名等功能，实现培训供需自上而下和自下而上双向对接。完善浙农云线上课堂，探索线上线下融合新方式，组织专家录制生产技术现场演示讲解视频上传各相关产业群，并与学员在线互动，及时解决生产技术难题。推动农民培训信息管理系统纳入"浙农富裕"模块，与浙农经管、浙农技等数字化应用实现数据共享，开发我要培训、我要组班等功能模块，开发驾驶舱，整体展示开班情况、培训人数、培训进度、入库人数、入库机构、机构分布及承担培训情况、培训产业类别等。

图3-3　浙江省农民教育培训信息管理系统管理端示意

如图3-3所示，管理端实现开班情况、学员情况、培训机构情况、培训主题等线上数据统计分析，发布开班信息、产业信息、在线直播、动态评价等功能。

图3-4　浙江省农民教育培训信息管理系统学员端示意

如图3-4所示，学员端实现课程搜索、线上自学、线上报名、培训组班、培训需求发起等。

（四）激励政策日渐完善

培育是个长期的过程，培育对象能否成长成才，关键看自身努力和后续扶持有没有跟上。因此，浙江不是单纯地开展培训，而是将对高素质农民的素质能力培育与政策配套支持统筹起来。通过选树典型、以赛代练、职称激励等途径，不断强化高素质农民培训的配套政策支持，营造良好社会氛围，使培训成效进一步放大。

1. 打造培训品牌

浙江省农业农村厅于2022年组织开展"培训促富品牌"遴选。在遴选方向上明确了三个重点：一是突出典型特色。在政策支持、模式创新、跟踪服务、组织机制、宣传引导等方面做出特色，促进农民培训提质增效，具有典型性。二是突出产业发展。农民培训对提升行业从业人员技能水平和综合素质有明显推动作用，能有力促进当地主导产业或特色产业发展壮大，相关产业年产值（或者其他衡量指标）在全省有较大影响力。三是突出示范带动。通过农民培训品牌，实现联农带农富农，较大范围（一般200人以上）带动农民创业就业，农民收入有较大幅度增长。经各地申报、各市审核推荐和省级评审，认定"建德师傅"踏遍四方等25个第一批省级农民培训促富品牌。

同时，2022年浙江省农业农村厅组织开展了浙江"新农匠"遴选工作。遴选对象要求从事相关产业生产、加工与服务2年以上，素质优良、技术精湛、效益显著、示范带动性强，年龄一般应为18～65周岁。行政事业单位和国有企业在职在编人员、具有全日制学籍的在校创业大学生等不作为遴选对象。"新农匠"重点在农业与乡村产业的一线生产、服务人员中遴选，分种养加服能手、农村电商人才、乡村手艺人才三大类。把组织遴选浙江"新农匠"，推荐参加全国农民技能大赛作为推进乡村人才培育、稳就业促共富的有效措施。同时，各地综合利用新闻媒体，通过技能大赛、丰收节现场展示、短视频等多种方式，全方位立体式宣传展示浙江"新农匠"风采。

2. 搭建竞技平台

"农业职业技能大赛""农创客大赛""农村创业创新大赛"等活动精彩涌现。以赛促学、以学促用，通过选拔推介了一批优秀的农村创业创新项目，为浙江乡村振兴和农业农村高质量发展注入了更多活力、贡献了更多农创力量。例如，2022年度浙江省农村创业创新大赛以"凝聚农创力量 助力'两个先行'"为主题，旨在聚力激发农村"双创"活力，畅通城乡双向循环，为推进"两个先行"贡献农创力量。该大赛聚焦电商元素，分农产品产销和平台服务两大组别，参赛项目涵盖了现代种养、农产品加工流通、农业综合服务、乡村休闲旅游、乡村信息产业等涉农各领域，新品种、新技术、新模式、新产品、新业态凸显，数字化、电商基因突出。启动以来，全省农创客参赛热情高涨，经过县、市选拔，半决赛激烈角逐，共有16个优秀项目进入总决赛。大赛总决赛邀请了"三农"领域、高校、创投等方面的专家和知名企业负责人、资深媒体人等担任评委，从创新性、成长性、核心竞争力、联农带动性等多个方面进行评审。

3. 打通晋升通道

浙江率先在全国开展农业职称评审制度改革，修订《浙江省农业技术中高级专业技术职务任职资格评价条件》，符合职业农民特点的职称评价标准和评审程序得以健全完善，突出生产型、经营型职业农民，不受学历、专业、论文等限制，重点考察业绩贡献、经济社会效应和示范带动作用，已评审通过高级职称农民263名。高素质农民培训与农业职称评审的关联度和紧密度不断提升。例如，高素质农民通过浙江农艺师学院在职研修生项目成为创业导师后，在农民中高级专业技术职称评审中可多得2分赋值。

四、高素质农民培育成效日渐显著

（一）壮大乡村人才队伍

经过多年培训，浙江省入库农村实用人才队伍已壮大至140余万人，各地区分布情况见图4-1。

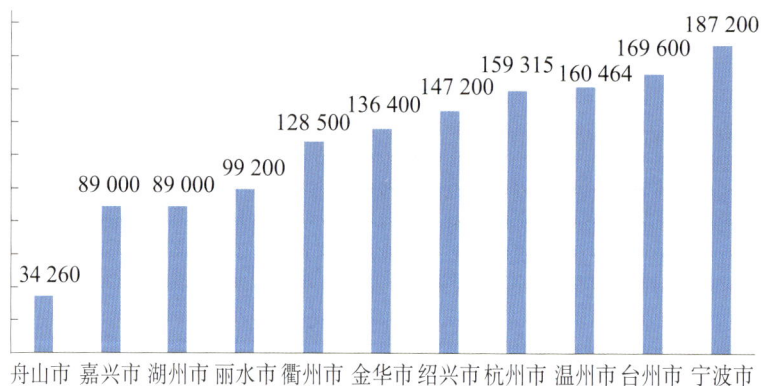

图4-1　全省农村实用人才地区分布

从性别比例来看，男性占65.50%，女性占34.50%（图4-2）。

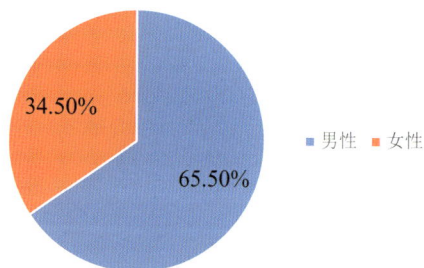

图4-2　农村实用人才性别占比

从人才类型来看，最高占比是生产型人才（占 39.39%）。之后依次是：技能带动型（占 22.13%）、经营型（占 17.43%）、社会服务型（占 16.44%）和技能服务型（占 4.61%）（图 4-3）。

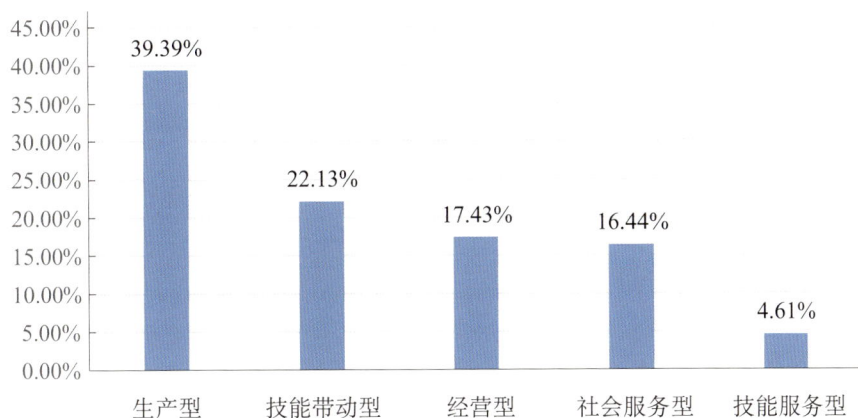

图 4-3　农村实用人才类型结构

其中，生产型人才，指在农村种植、养殖、捕捞、加工等领域达到较大规模，收益明显高于本地其他农户，并有一定示范带动效应，帮助农民增收致富的业主或技术骨干人员。包括种植能手、养殖能手、捕捞能手和加工能手等。经营型人才，指从事农业经营、农民专业合作组织、农村经纪等生产活动，有一定规模并有一定经济收入、有较大示范带动效应或能吸纳一定数量的劳动力就业的农村劳动者。包括家庭农场经营者、农民专业合作组织负责人、农业产业化龙头企业经营者和农村经理人等。技能服务型人才，指村级农业技术服务人员，即农民中专门或主要从事农业技术服务的农村劳动者。包括农民植保员、村级防疫员、农村信息员、农产品质量安全检测员、农机驾驶员和农机修理工、沼气工和沼气物管员、畜禽繁殖员、蔬菜园艺工、花卉园艺工、农作物种子繁育员等。技能带动型人才，指具有制造业、加工业、建筑业、服务业等方面的特长或技能，能带动其他农民掌握该技术或进入该行业，以从事该行业作为主要经济来源的农村劳动者。如铁匠、木匠、泥匠、石匠、篾匠、漆匠等手工业者。社会服务型人才，指在农村文化、体育、就业、社会管理、社会服务、社会保障等领域提供服务的各类人才。包括乡村文体艺术人才和乡村社会工作人员。

从学历状况来看，绝大部分是中专及以下（占93.47%），大学专科占5%，大学本科及以上占1.53%（图4-4）。

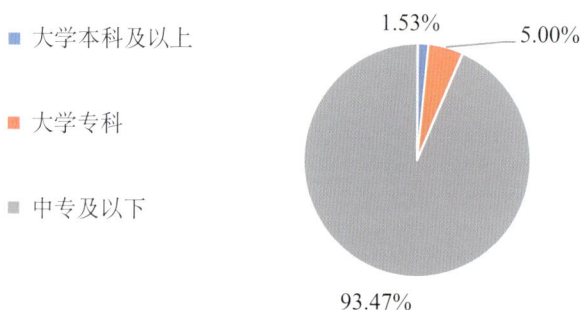

图4-4　农村实用人才学历结构

从年龄状况来看，主要是55岁及以上（占45.47%）。之后依次是：51～54岁（占14.96%）、46～50岁（占13.70%）、41～45岁（占9.76%）、36～40岁（占7.31%）、35岁及以下（占8.79%）（图4-5）。

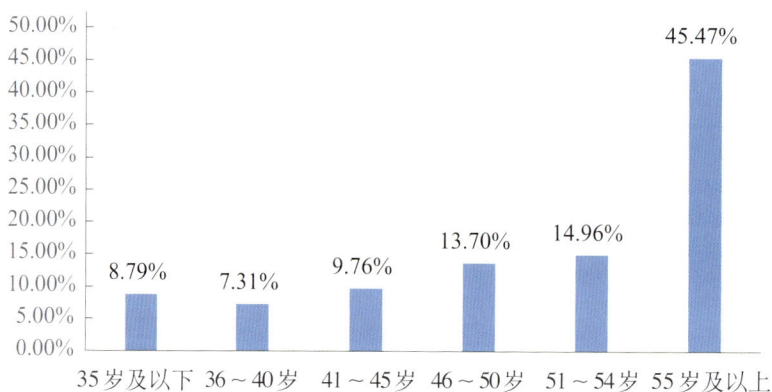

图4-5　农村实用人才年龄结构

从职称状况来看，主要是农民技术员（占81.09%），之后依次是农民技师（占11.85%）、农民助理技师（占4.81%）、农民高级技师（占2.25%）（图4-6）。

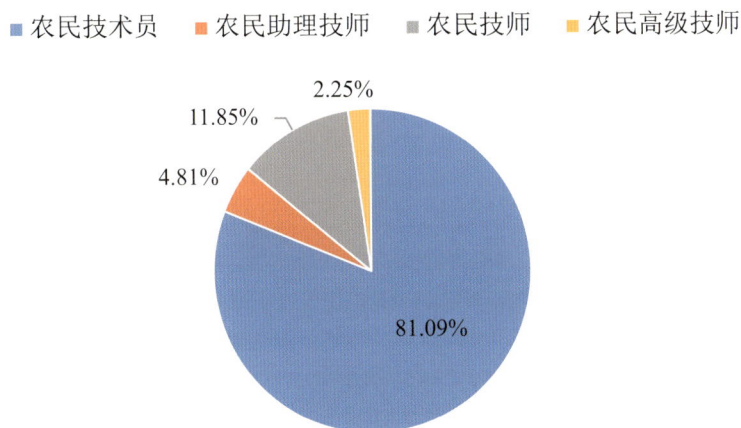

图4-6　农村实用人才职称结构

（二）助力现代农业发展

浙江高度重视高素质农民培训的产业促富成效，坚持把人才培训与产业链、创新链有机衔接，通过乡村人才培训带动产业发展，培育了一批地方特色产业、主导产业、过亿产业。2022年共计65个区域培训促富典型申报省级农民培训促富品牌，近40个区域典型促进产业从无到有、从小到大，产值超亿元、十亿元，甚至百亿元，其中25个区域典型获评省级农民培训促富品牌。帮助广大农户实现"扩中""提低"，助推"地瓜经济"大发展。在2022年全省未来乡村建设现场推进会上，时任浙江省委书记袁家军高度肯定农民培训促进共同富裕成效，点赞衢州农播、丽水"农三师"培训促富品牌。

基于对麦饼、杨梅、海水养殖、茶、柑橘、文旦、蔬菜、葡萄等专项产业的县域数据调查与统计分析，发现专项产业高素质农民培训人次与产业产值和农民收入均存在较高的相关性。如图4-7所示，高素质农民培训人数与产业产值和农民收入的相关系数均超过0.85，表明高素质农民培训与产业发展和农民增收具有紧密关联。实践证明，高素质农民培训对提升从业人员技能水平和综合素质有明显推动作用，有力推动了茶叶、养殖、水果、花卉苗木等浙江农业特色主导产业的发展，显著促进了农村电商、民宿、农旅等乡村新产业新业态的发展。

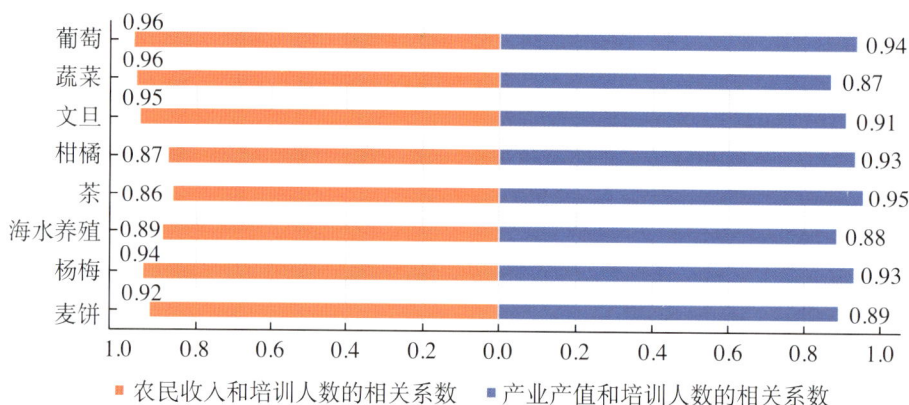

图4-7　高素质农民培训人次与产业产值和农民收入的相关系数

作为县区典型案例，嘉兴市南湖区打造"农培家"品牌，采用"线上＋线下""课堂＋实训""请进来＋走出去"等形式开展农民教育培训，聚焦上下联动、阵地赋能、名校资源、形式创新、结对帮扶等服务举措，让培训内容更加"有料有趣"。近五年来，"农培家"服务品牌共开展农业专业技能培训4 000余人、普及性培训3万余人次，积极推动农民培训与产业融合发展，促进农村共同富裕。2022年，全区实现农林牧渔业总产值25.87亿元，增长2.9％；实现农业增加值15.09亿元，增长14.75％。全区农村居民人均可支配收入42 830元，增长10.23％（图4-8）。

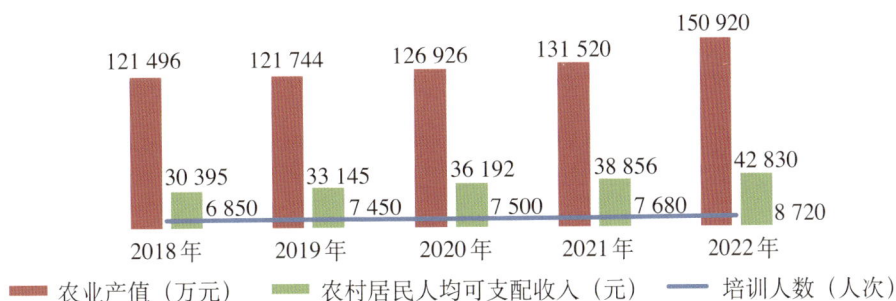

图4-8　嘉兴市南湖区培训人数与农业产值、农村居民人均可支配收入情况

1. 助力茶产业发展

近十年来，茶产业作为浙江省主导特色产业，浙江省专门成立茶业学院培养茶产业带头人，举办省级茶产业研修班，同步开展省市县分层中短期培训，每年开办茶叶产加销培训6 000人次左右，涌现了西湖龙井、径山茶叶、安吉白茶、平阳黄汤等亿元培训品牌，助推产业产值屡创新高。主打的茶业培训品牌年产值达到30多亿元。

★杭州市西湖区通过农民素质培训，树立了"三师一员"（制茶师、茶艺师、电子商务师、村社农技员）培训品牌，贯穿茶产业全产业链，一步一个脚印把西湖龙井茶做好做强，助力茶产业高质量发展，促进共同富裕。2022年茶产业产值达2.6亿元，茶农人均收入58 126元（图4-9）。

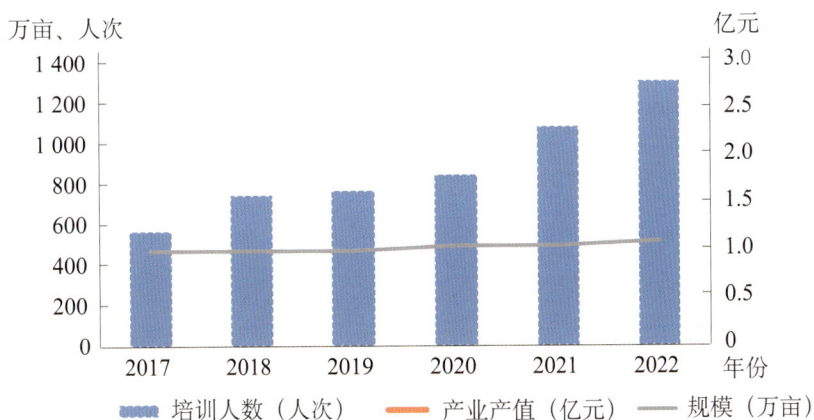

图4-9　杭州市西湖区农民培训与茶产业发展情况

★ **杭州市余杭区**自2015年开展全省首个"茶二代"系列化主题培训以来，已连续开展了多种形式涉茶类培训班135期，培训茶农6 000余人次。目前，余杭茶业总面积7.15万亩，年产量9 000吨，产值9亿余元（图4-10）。

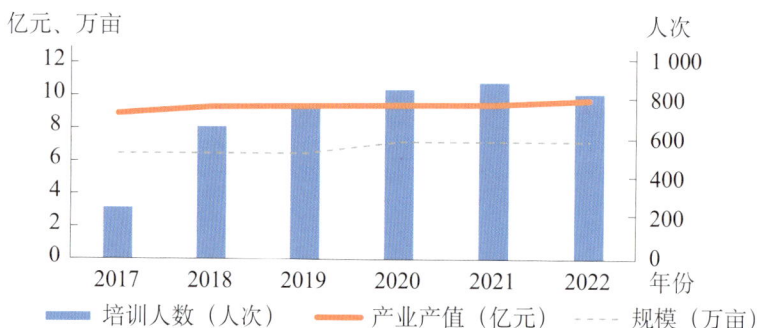

图4-10　杭州市余杭区农民培训与茶产业发展情况

★ **温州市平阳县**以挖掘开发平阳黄汤茶为重点，以培育茶叶产业人才为重要抓手，推动平阳黄汤茶产业高质量发展。平阳县累计开展茶叶种植与加工、茶叶审评技术、茶艺、茶叶品牌建设与营销等涉茶类培训90多期，培训茶农5 000余人次。全县培养各级制茶师、茶艺师、评茶员等职业技能人才1 039人，43人取得了全省首批黄茶加工专项职业能力证书，1人获得市级乡村振兴领军人才荣誉，1人被中国茶叶流通协会授予"中国制茶大师"称号。平阳黄汤茶的产量从不足10吨上升到185吨、综合产值从2 180万元突破亿元（图4-11）。

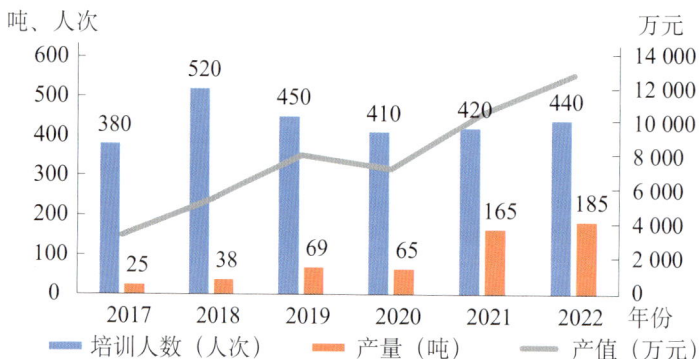

图4-11　温州市平阳县农民培训与黄汤茶产业发展情况

★湖州市安吉县多形式开展教育培训，实行线下、线上相融合，固定课堂、实践培训相结合，培训、示范、推广、服务一体化的培训模式。安吉白茶种植面积20.06万亩，茶农1.7万户，产业从业人员10万人，每年开采可为周边县区提供20万个就业岗位，产值占全县农业总产值的60%，带动全县农民人均增收8 600元。

★丽水市松阳县针对茶农培训需求呈现多样化趋势，使培训专业从一产延伸至二三产，覆盖整个茶产业的产业链，深入打造"松阳茶师"品牌，适应茶产业发展的新要求。近年来全县累计培训"松阳茶师"4万余人，占农村劳动力素质培训总人数的1/3。全县茶叶面积达13.32万亩，全县茶叶产量1.647万吨，产值16.84亿元。

2. 助力果蔬产业发展

近十年来，浙江省紧盯果蔬新品种开展栽培技术培训，红美人、阳光玫瑰、巨峰葡萄、东魁杨梅、琵琶、美都西瓜、云和雪梨、香榧等产业实现种植面积和产值双突破。有跟踪的区域主导培训品牌年产值达到120亿元，带动20余万人就业。

★宁波市象山县主打红美人产业，经过多年培训培育，"红美人"已成为象山县橘农增收致富、奔向共富生活的"黄金果"，而其中"链式"培训品牌的身影一直隐藏在产业发展大潮中，见证着"红美人"这颗新星冉冉升起到绽放光芒的全过程。象山县"红美人"正引领全国柑橘产业链条迭代革新，"链式"培训品牌为"红美人"产业源源不断地输送各式人才，成为产业链条中不可或缺的组成部分，人才推动产业蓬勃发展，产业发展又反哺人才队伍培育，两者相辅相成，双向奔赴。象山红美人面积达3.9万亩，亩均收入5万～10万元，最高20万元/亩，普通农户种植两三亩红美人，年收入就可达到约20万元，在家门口就能致富，创造了"亩均万美元"的高效益。象山县红美人产业年产值30多亿元（图4-12）。

图4-12 宁波市象山县农民培训与红美人产业发展情况

★温州市不断强化番茄产业从业人员的培训，集聚中国农业大学、中国农科院、浙江大学、浙江省农科院、南京农业大学、温州菜篮子集团有限公司、万科农业开发有限公司等组建产学研一体的农民培训教师团队，建立涉及种子种苗生产技术、分级包装等1＋N全产业链的实训基地。结合每年的番茄产业大会，开展从业人员的技能比武和交流活动，培育番茄产业新农匠。近年累计培训2.19万人次，带动全产业链发展，目前已形成种植面积6.5万亩、总产量20万吨、年产值20亿元、从业人数超1.5万人的农业主导产业（图4-13）。

图4-13 温州市农民培训与番茄产业发展情况

★**台州市仙居县**注重创新杨梅产业农民培训模式，围绕产业链，贯通培训链，强化服务链，形成人才链，着力促进杨梅培训提质增效，培育出一大批适应杨梅产业现代化要求、具有较高素质和杨梅现代化生产技能的专业人才。近五年来，该县已开展杨梅产业普及性培训15万人次，培育杨梅产业农村实用人才和高素质农民3 700余人。2022年仙居杨梅产值达到10.5亿元，促进梅农户均增收3.3万元，杨梅成为了仙居县真正意义上的富民产业（图4-14）。

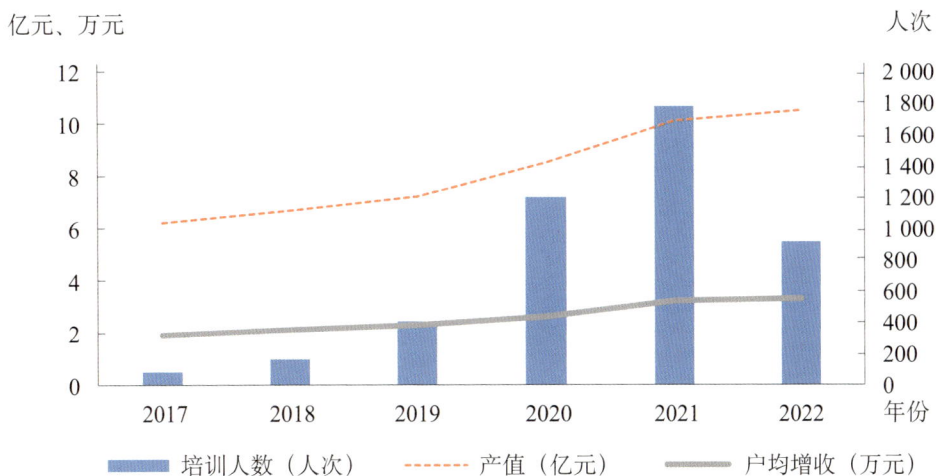

图4-14　台州市仙居县农民培训与杨梅产业发展情况

★**杭州市淳安县**的枇杷一直是淳安水果产业中的一匹黑马。淳安县农业农村局牵头，通过"人才＋基地"点对点服务方式，以科技下乡、行业培训、技术指导、田间管理、含量检测等人才服务内容，迅速普及枇杷种植要点和技术，由此提升果农销售能力和淳安枇杷的市场竞争力，打通销售渠道，为淳安县枇杷产业健康、持续发展探索出了道路。2021年，淳安枇杷产业产值上升至1.45亿元，规模达到16 177亩（图4-15）。

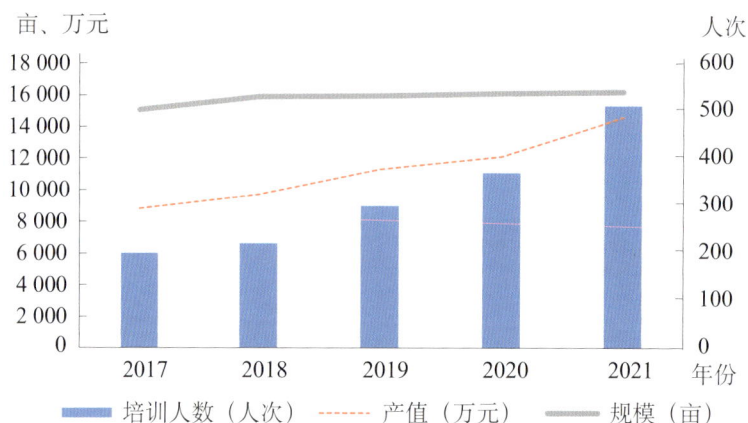

图4-15 杭州市淳安县农民培训与枇杷产业发展情况

★**临海市**结合本地培训需求，组织柑橘专业合作社理事长、柑橘种植大户和家庭农场负责人等赴省柑橘研究院进行现场教学。专门培养一批"有文化、懂技术、善经营、会管理"橘农，邀请行业专家从柑橘种植技术、病虫害绿色防控，到电商发展变迁、短视频网红制作等多方面为全市柑橘合作社、种植大户和家庭农场负责人开展"集成化、套餐式"培训，每年共培训学员600余人次，发放技术资料1000余份，全力助推柑橘产业高质量发展。学后，各种植户纷纷表示受益匪浅，学以致用。2021年总产量增加了6万吨，增长15%，人均收入增长了近万元（图4-16）。

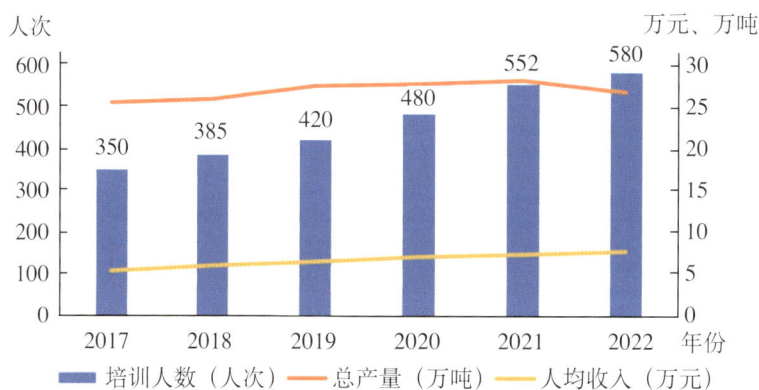

图4-16 临海市农民培训与柑橘产业发展情况

★玉环市结合特色产业和农民培训需要，开展文旦产业带头人、农产品经纪人经营管理等培训班，同时，充分发挥农民大学和文旦产业协会的组织协调能力，制定针对性课程，理论与实践结合，有效提升培训效果。2021年，在浙江农林大学开展培训班，学习柑橘新品种与经营管理、果品产后处理与加工技术、冻害防护技术等知识，并赴常山太公山国家标准果园、衢州柑橘博览园、常山恒寿堂柚乡三产融合基地等参观，提升了文旦产业带头人的管理能力。人均收入连续几年提高，据《2021年全国县域农村居民人均可支配收入监测报告》公布数据，全国县域农村居民人均可支配收入前100名县（市、区）名单中，玉环县位列第17位，是台州市唯一进入前20名的县（市、区）。近年来，随着参加农民培训的人数不断增加，玉环文旦产业蓬勃发展。2022年文旦产业产值达到了2.75亿元，人均收入达到了4.41万元（图4-17）。

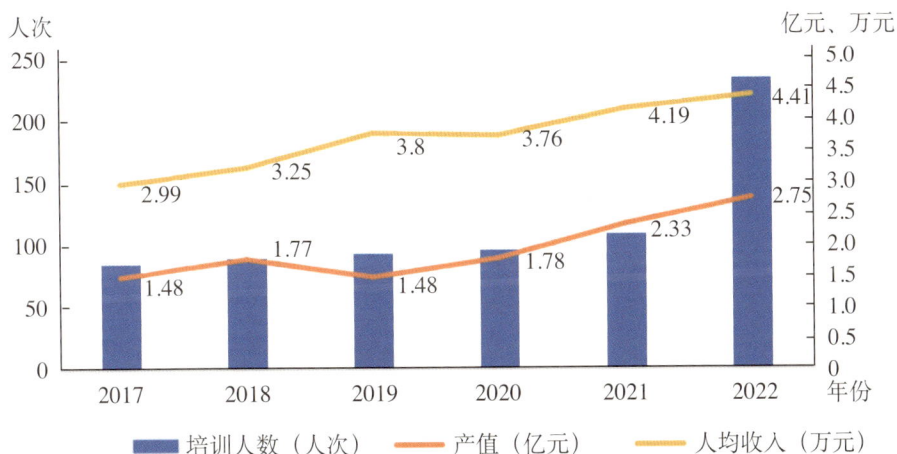

图4-17 玉环县农民培训与文旦产业发展情况

★台州市黄岩区结合本地培训需求，主要依托台州科技职业学院培训教学设施，并利用浙江大学、省农业农村厅、省农科院、台州科技职业学院、市农业农村局、市农科院、本区和兄弟县（市、区）师资和技术专家团队，积极做好各类高素质农民培育和农村实用人才培训工作，尽力提高农民培训的教育质量。2017—2022年，通过组织杨梅产业农民专业合作社、家庭农场、种植大户等的培训，农民学有所获，学有所成。六年来，重点推广杨梅钢架大棚、帐篷避雨设施栽培技术，使杨梅产量和品质有较大的提高，杨梅销售价格上涨20%，人均收入增长超万元（图4-18）。

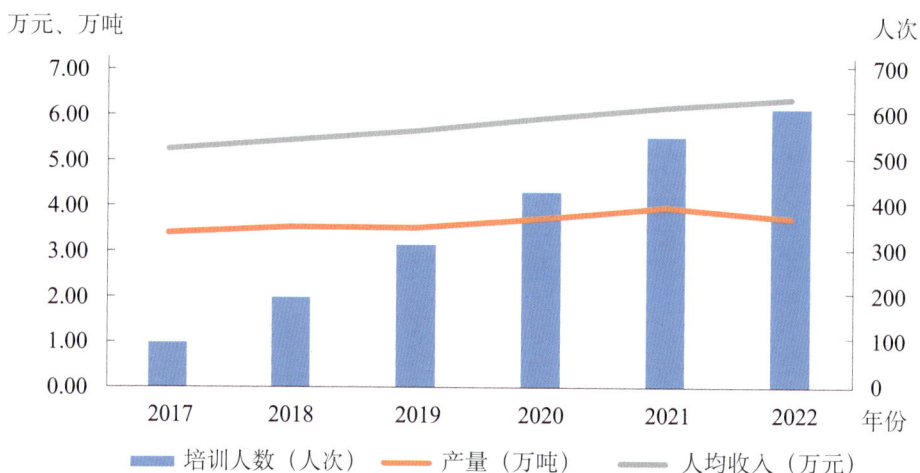

图4-18　台州市黄岩区农民培训与杨梅产业发展情况

★**丽水市云和县**结合县雪梨产业发展实际和农民培训需求，利用省农村实用人才培训、高素质农民培训等契机，积极组织开展专题讲座、现场观摩、专家现场指导和线上学习等多种培训方式，每年举办各类培训班、现场观摩会20余期，下乡技术指导500余次，累计培训乡镇农技人员、梨农等人员达千余人次。同时借助省级高研班的东风，连续两年举办云和雪梨种植技术高研班，培育高级云和雪梨师傅60人，为当地云和雪梨产业发展提供人才支撑。积极发展"雪梨师傅"，截至2022年底，当地拥有"雪梨师傅"198名，带动全县1万余名梨农开发种植雪梨1.5万亩，雪梨年产6 500吨，年产值达到1.96亿元，逐步成为当地带动强村富民的主要产业（图4-19）。

人次、万元、亩

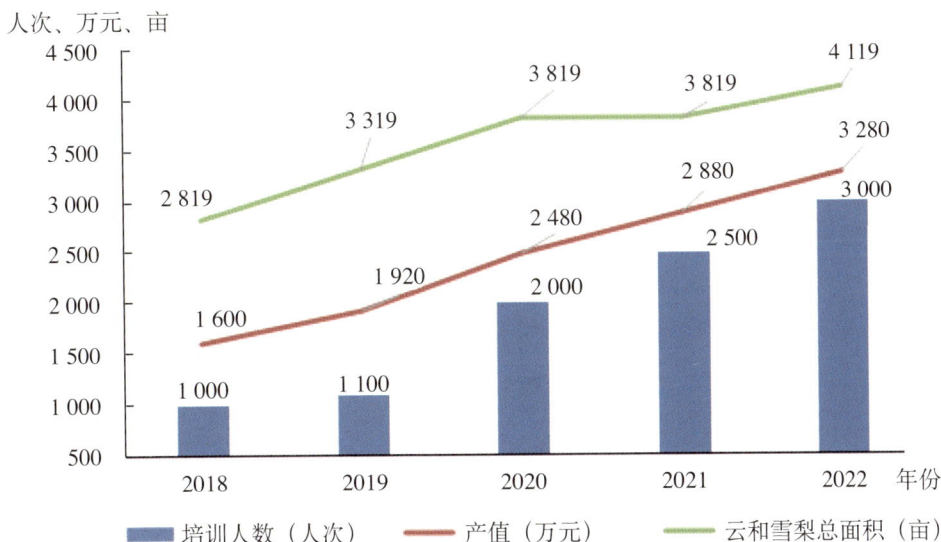

图 4-19　丽水市云和雪梨培训与产业发展情况

★**建德市**针对低收入人群占比高、农民增收致富渠道有限的问题，立足县域富民特色小产业，打造了一支以"草莓师傅"为主的建德师傅乡土人才队伍，构建了技能培育、就业创业、数字赋能、产业抱团发展的建德师傅带农富农全生命周期体系，以"小师傅"带动"大富裕"，努力走出一条建德特色的扩中提低新路径。"建德草莓师傅"达 6 000 余人、草莓种植面积超 7 万亩，遍布 27 个省份，全产业链产值超 40 亿元。"建德师傅"人均年收入均超 10 万元。

★**金华市浦江县**打造"中国巨峰葡萄之乡"，通过引进来、走出去相结合的培训模式，丰富葡萄种类，引进新型种植技术，促进浦江葡萄产业的转型升级。全县葡萄种植面积 6.7 万亩，2022 年产量达 12.2 万吨，实现年产值 13.42 亿元。县内阳光玫瑰葡萄亩均收益达 5 万～10 万元，巨峰葡萄亩均收益达 1.5 万～2 万元。通过葡萄新品种科学种植技术培训而实现转型致富的葡农越来越多，如浦江县郑宅赵姐家，家里种植 20 亩阳光玫瑰，以前自己摸索，果形差，糖度低，卖不上价，在培训班学习后，通过自己钻研、同行交流和老师指导，种植的葡萄果形好、糖度高、品质优，以44元/千克的收购价被订购，且供不应求，亩均收益达8万/亩。

★**宁波市宁海县**立足山区优势资源禀赋，积极为山区农民脱贫致富开展专业、精细化技术培训，以香榧丰产栽培技术培训点燃山区农民共富星火。将农村实用技术培训、"双证制"培训、大专学历培训、农村劳动力转移培训与香榧丰产高效栽培技术紧密结合，大力提高全县农民文化素养及专业技术。经过培训，宁海榧农已基本掌握香榧种植技术，涌现出一批"科技型"专业人才和一支香榧营销经纪人队伍，造林苗木成活率从50%提高到93%。截至2022年底，全县累计开展香榧种植技术培训5 000人次，共培养出农艺师2名、农民技师65名、农民技术员812名，成为当地农业科技发展的骨干力量。在此过程中，宁海香榧栽培面积以每年近千亩的几何倍数递增，香榧真正成为宁海农民的"摇钱果"，香榧林成为山区农民的"绿色银行"（表4-1）。

表4-1　2012—2022年宁波市宁海县香榧产业发展情况

年份	面积（亩）	鲜果		干果		价格	
		产量（千克）	产值（万元）	产量（千克）	产值（万元）	鲜果价格（千克／元）	干果价格（千克／元）
2012	7 800	65 746	460.2	13 149	657.4	70	500
2013	10 000	107 500	365.5	21 500	645	34	300
2014	11 000	127 500	510	25 500	919	40	360
2015	12 600	140 000	756	28 000	1 288	54	460
2016	15 000	175 000	525	35 000	1 050	30	300
2017	17 000	210 000	714	42 000	1 512	34	360
2018	20 000	294 000	1 176	58 800	2 116.8	40	360

（续）

年份	面积（亩）	鲜果		干果		价格	
		产量（千克）	产值（万元）	产量（千克）	产值（万元）	鲜果价格（千克／元）	干果价格（千克／元）
2019	20 000	425 000	1 275	85 000	2 550	30	300
2020	20 000	850 000	1 700	170 000	3 400	20	200
2021	20 500	105 0 000	2 310	210 000	4 620	22	220
2022	20 500	110 0 000	2 640	220 000	5 280	24	240

3.助力养殖业发展

近十年来，浙江省不断加强海淡水渔业养殖技术、畜牧养殖技术培训，促进养殖业规模从小变大，引导养殖业从产量到品质转变。累计开展渔业省市调训、县市普训10万余人次，推广蟹类、虾类等主导品种1 000余万亩。培训蜂农近10万人次，发展蜜蜂养殖100余万箱。

★湖州市南浔区积极探索富"渔"典范，扎实开展渔民素质提升工程，开设范蠡大讲堂、数字渔业发展培训中心、绿色水产养殖培训中心等机构，其中范蠡大讲堂实现年培训2 500人次以上。全区85%以上的渔民通过"智慧养鱼"手机APP控制自动投饵机、开停增氧机等手段，实现智能现代化养殖，亩均产量较传统养殖增加20%～30%，总效益增加可达3倍以上。南浔盛江家庭农场负责人盛素红通过参加范蠡大讲堂培训，学习掌握养殖新技术，并积极推广新品种，单位面积产出比周边同类产区高20%左右。南浔区农民培训与渔业发展情况见图4-20。

图4-20　湖州市南浔区农民培训与渔业发展情况

★**宁波市宁海县**构建"渔"文化特色学校，借助水产养殖业促进会和无公害基地力量，打造"渔生活""渔美食""渔旅游""渔文学"等特色课程，"引育用留"高素质人才，全县水产养殖培训2.1万人次，引进非洲草虾、黄颡鱼、中华乌塘鳢等新品种。推广滩涂贝类设施化中间培育技术、海水池塘虾蟹贝混养技术、池塘绿色养殖技术等高端技术，实现粗放式向集约化转变。如指导养殖户建造"狭垄瓦背形"蛏埕，实现一亩蛏埕产量1 000千克，较原先"围涂管养"提高6～7倍效益。促进渔业养殖年产值从2016年的15.1亿元增加到2022年的17.8亿元（图4-21）。

图4-21　宁波市宁海县渔业发展情况

★**兰溪市**一直以传统四大家鱼养殖为主，亩均产值只有两三千元。近年来，运用"理论＋实践""线上＋线下"等培训模式，每年组织200多位养殖户进行技术培训，全方位提高河蟹养殖水平。养殖面积从原来的30亩发展到现在的7 000余亩，"兰江蟹"品牌成功通过中国农产品地理标志登记，"兰江蟹"养殖亩均效益突破万元（图4-22）。兰溪市赤溪街道的孙华斌，产业转型后兰江蟹养殖面积达到260亩，通过"兰江蟹"品牌溢价亩均效益达到3万元左右，年产值突破千万元。儿子孙崇康通过农民培训相关渠道成为现代农业领军人才和农创客。

图4-22　兰溪市蟹养殖产业发展情况

★**台州市三门县**结合本地培训需求，组织海水养殖专业合作社理事长、养殖专业大户等赴省市农民大学和农民学院进行培训。根据三门地标产业（青蟹、缢蛏等）特点，各农民大学（学校）联合乡镇（街道）在农闲时组织培训了本辖区内的特色产业知识，有效提升各养殖户专业素养。2018年健跳镇带领养殖大户102人赴浙江海洋大学学习科学水产养殖及养殖尾水处理、水产品质量安全与水质调控技术等知识。学后，各养殖户纷纷表示受益匪浅，学以致用。2021年，三门县海水养殖产量达到30.12万吨，人均收入达到6.24万元。

★衢州市开化县采用"线上＋线下""公办＋民办""理论＋考察"的培训模式，"高级＋初级"的培训层次，开展中蜂养殖户培训。全县累计开展集中技术培训百余期，培训蜂农16 000余人次。全县中蜂养殖场户达4 000余户（其中低收入农户有900户），中蜂养殖5.5万群，年产土蜂蜜300余吨（中蜂浅继箱成熟蜜生产技术全国领先），产值高达8 000余万元，蜂农户均增收1.6万元，中蜂产业为山区农民铺平了"共富示范"道路（图4-23）。马金镇石川村50多岁的张运洪，在培训后养了4箱中蜂，第一年增收4 000余元，信心大增后扩大养蜂群数，如今每年稳定增收1万余元，过上"甜蜜"生活。

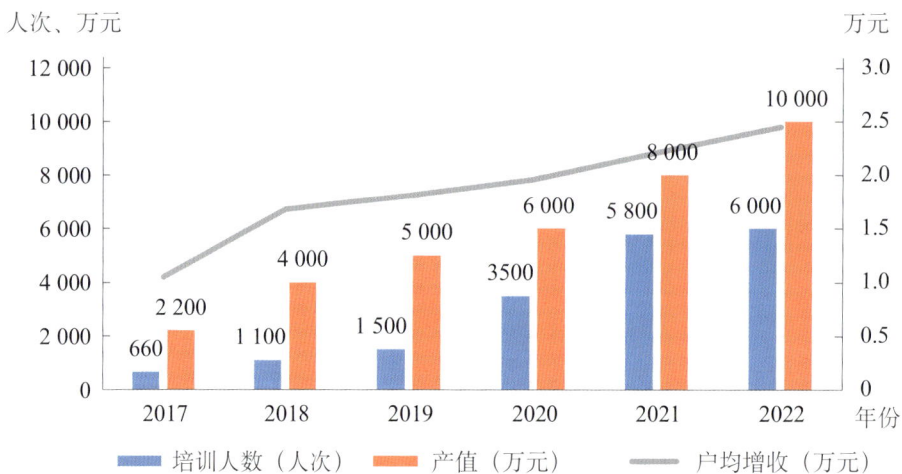

图4-23　衢州市开化县农民培训与蜂产业发展情况

★湖州市长兴县以湖州市蜂业研究院为依托，筹建长兴蜜蜂养殖培训学校，组织农民培训，推广养蜂技术，近年来累计培训农民3.7万余人，来自亚洲、非洲的32个发展中国家前来进行蜂业交流，1人获全国优秀学员，2人获湖州市"南太湖特支计划"乡村振兴领军人才，6人获评农民高级技师。带动长兴县低收入农户157户，通过养蜂户增收入1.6万元。龙泉市的叶根娥通过"蜂掌柜"培训，迅速掌握了养蜂的技艺技能，饲养中蜂300群，并与蜂旅文化、民宿相结合，年经济收入70万元。

4. 助力粮种产业发展

近年来，农民培训聚焦粮食生产、种业发展等，广泛开展粮种类产业农民培训，推广水稻钵苗摆栽技术100万亩，"甬优"系列杂交水稻推广面积达到650万亩，西瓜"美都"品种320万亩，杂交青菜20万亩。单产效益明显提升，据不完全统计，增加社会经济效益近300亿元。

★宁波市鄞州区探索农民教育培训新思路、新模式、新方法，创立"鄞农优学"人才培训服务品牌，为"小种子""大产业"注入"芯"动力。2019年至今，共举办各级种业产业链类培训200余期，培训人数达1万余人次，推动鄞州种业产业迅速发展，种业年产值达到6.5亿元，带动农业产值245亿元，真正让"好种子"长出"好日子"。西瓜"美都"累计推广面积达320万亩，新增效益50余亿元，打造了1万多个职业瓜农，联结带动1.3万农民增收，创造年产值约80亿元，是"一个良种带动一个产业"的典型案例。杂交青菜实现进口替代，在全国推广种植面积20万亩，实现年产值近5亿元。2022年"甬优"系列杂交水稻种子年销售达3 900吨，推广面积达到650万亩，实现销售收入2.03亿元，连续10年居全省之首，增加社会经济效益156亿元。

★台州温岭市围绕水稻生产全过程全周期开展培训。强化田间地头实践实训，提升农民实操水平。联合浙江大学，建立"浙江温岭水稻科技小院"。通过培育，温岭市早稻面积12.32万亩，占全市粮食面积89%以上，占台州市粮食面积41.5%，成为了粮食生产的绝对主力。推广水稻钵苗摆栽技术，"单改双"培训，让连作晚稻面积从2017年6.04万亩，提升至7.47万亩，占晚稻77.0%。通过优质稻米示范方现场培训，提高粮农优质稻米品牌意识，延长稻米产业链，促进生产水平和单产稳步提升，2家主体获省级"好稻米"金奖、银奖，多家主体获台州"好稻米"金奖、银奖。多次获得浙江省产粮大县、放心粮油示范县等荣誉称号。温岭市农民培训与粮食产业发展情况见图4-24。

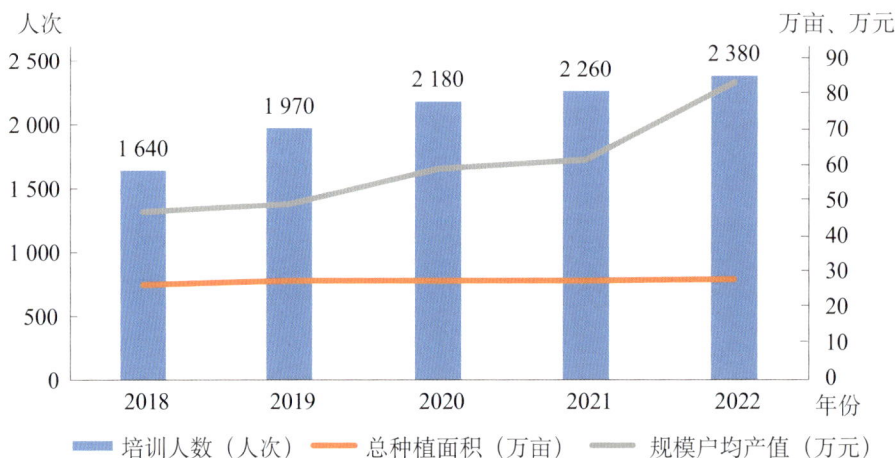

图4-24 温岭市农民培训与粮食产业发展情况

（三）推动二三产业振兴

近10年来，浙江省农民培训工作从农业一产向二三产业转变，从传统产业向新兴产业转变，围绕农产品加工、农村电商、乡村旅游、民宿经营等新兴产业开展培训。近年来年均培训农产品加工人才3 000人次、农村电商人才6 000余人次、乡村旅游5 000人次、民宿4 000人次，促进了农村产品大流通，乡村农旅大繁荣，地方产业大发展，不完全统计的相关产业年产值近300亿元。

1. 推动农村电商产业发展

近10年来，浙江省抢抓"互联网＋"风口，大力培育农村电商人才，特别在新冠疫情期间，网上电商、直播带货等有效助推了农产品销售。目前已累计培训电商人才10万余人次，促进农村电商成为百亿元产业。

★**海宁市**针对花卉市场竞争日益激烈、专业人才需求日益突显的产业发展问题，因地制宜推出"海宁园丁"培训品牌，开设"网上淘宝创业培训""农产品网上营销"等培训课，为从业者量身定制系列微电商培训和创业指导等课程。"海宁园丁"的培育为产业发展提供了"活水"，培育了一大批种植技术人才、园艺直播人才，助推了产业的转型升级，带动花农共同奔富。如浙江塔莎园艺有限公司总经理王天云，将直播带货模式运用到传统花卉行业，打造出了百万级网红IP——"塔莎的花园"，成为淘宝园艺的头部企业，2022年产值7 000万元。解决直接就业200多人，带动农户400多家，通过租金、分红等模式反哺桃园村年收益600万元。种植有技术，销售有门路，"海宁园丁"的培育助推花卉产业跑出了共富"加速度"，2022年，海宁市花卉苗木总产值已达3亿元（图4-25）。

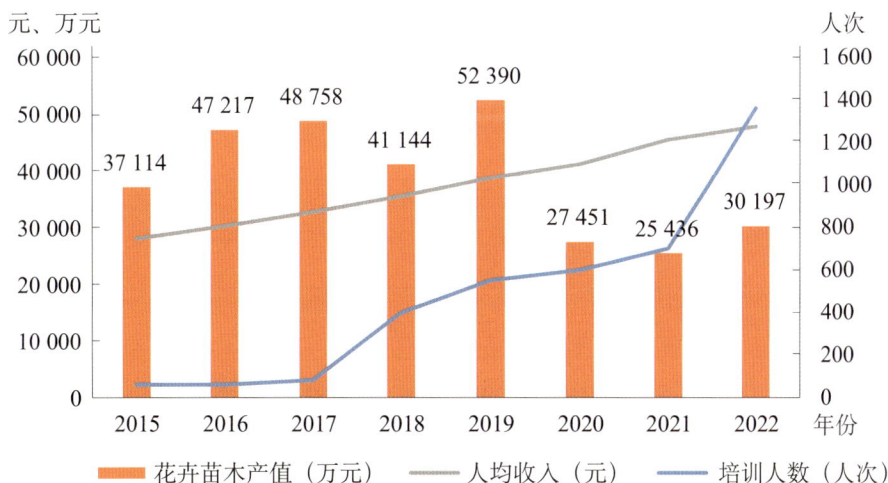

图4-25　海宁市农民培训与花卉苗木产业发展情况

★永康市与京东合作，培育省级电商专业村191个，实现境内网络零售额792.74亿元，直接带动创业就业30万余人。江山市将农村电商龙头企业浙江冒个泡电子商务有限公司申报为"四省边际（衢州）共富学院"电子商务教学基地，注册网店2 380多家，发展从业人员1万多人，全市累计实现网络零售总额216.69亿元，同比增长39.2%。

★金华市武义县牢牢发挥终端产品丰富优势，全面利用省级农播示范基地平台，加强电商"带头人"队伍的培养，通过持续开展各类"直播＋电商"培训，健全多层次孵化服务，大力推动农村电商与本地特色产业融合。"直播＋电商"培训开展以来，全县建成省级电子商务示范村1个、电子商务专业镇3个、电子商务专业村15个，打造电商集聚区9个，带动就业1.56万人，培养了500多名农民"网红"和电商达人，培育了农村电商企业30余家、网店总数达100家，全县各类农特产品搭上互联网直播的"顺风车"，将本地农业资源优势转化为市场竞争优势，促进农业增效、农民增收。

★宁波市宁海县将农民培训工作与农村产业发展紧密结合，以海岛小镇强蛟镇为试点，因地制宜推出"农村电商学堂"培训品牌，开设"网上淘宝创业培训""农产品网上营销""直播带货"等培训课，为当地农渔民和小微企业从业者量身定制系列微电商培训和创业指导等课程，助力海岛乡村村民加快迈入共同富裕。截至目前，"农村电商学堂"共培训5 000余人次，指导学员开设网店500多家，有力推动当地产业振兴。借助互联网，海产品源源不断销往全国各地，直接带动峡山、王石岙村等渔村村民奔向共同富裕。线上线下年销售额超1亿元。值得一提的是，成立于2015年的上蒲村电商产业，全村36家小微企业"集体触网"，年销售额超3亿元，一跃成为远近闻名的电商村，走出了一条新型强村富民之路。

★杭州市临平区聚焦产业特色，抢抓电商业态风口，瞄准助农促共富赛道，通过"扶持＋服务""培训＋陪跑""线上＋线下"等创新模式，打造"电商＋直播＋特色农产品＋村民"共富带动模式，挖掘、引导和孵化一批电商助农人才。目前全区已培育助农电商人才634人，年产值近10亿元。已逐步对塘栖枇杷、三家村藕粉、小林黄姜、法根糕点等临平特色农产品进行电商化改造。

2. 推动农文旅融合发展

近10年来，浙江省积极贯彻"两山"理念，发挥好地处长三角区域优势，大力开展民宿、休闲农业、乡村旅游等农文旅人才培训，带动近10万人就业，有跟踪的农文旅培训促富品牌产值达到30亿元。

★台州市天台县为推动农家乐（民宿）产业跨越式发展，提升农家乐（民宿）经营管理水平，打造具有天台山文化特色的农家乐民宿，由各乡镇（街道）、县农家乐（民宿）协会推荐，县农业农村局与各乡镇（街道）、省内涉农高校、本地优质培训机构联合，理论结合实践、线上线下等多种形式、多种途径进行培训。截至目前，全县共培训了农家乐（民宿）从业人员4 609人次。通过培训后，全县新增农家乐（民宿）14家，产值增加了4 500万元。台州市天台县农民培训与农家乐（民宿）发展情况见图4-26。

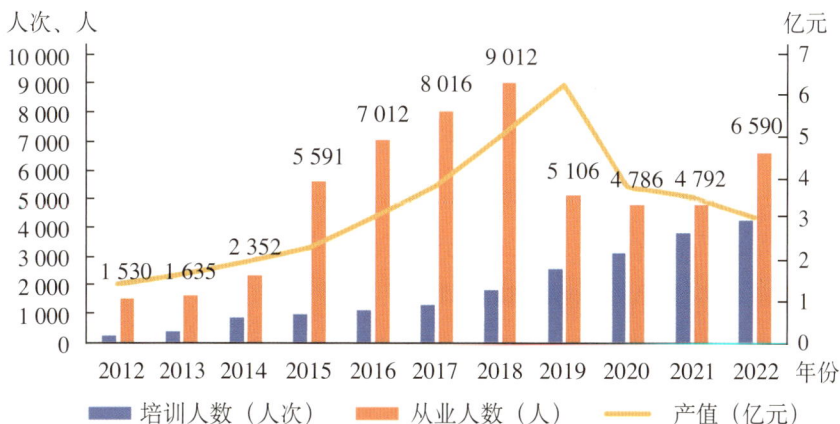

图4-26　台州市天台县农民培训与农家乐（民宿）发展情况

★**杭州市桐庐县**依托农民培训载体，打造"'桐掌柜'优创计划"培训品牌，着力实施差异化分类提质培训，实现从"培训"向"培育"转变，达到"实用、实在、实效"的目标。近5年，开展民宿从业人员培训共2 162人次，其中农村实用人才（致富带头人）1 992人次，高素质农民培育170人次。得益于培训的促进作用，2022年桐庐县民宿经营户达785户、总床位12 927张，累计游客接待量达到368万人次，经营收入从1.51亿元增长至4.05亿元（图4-27）。

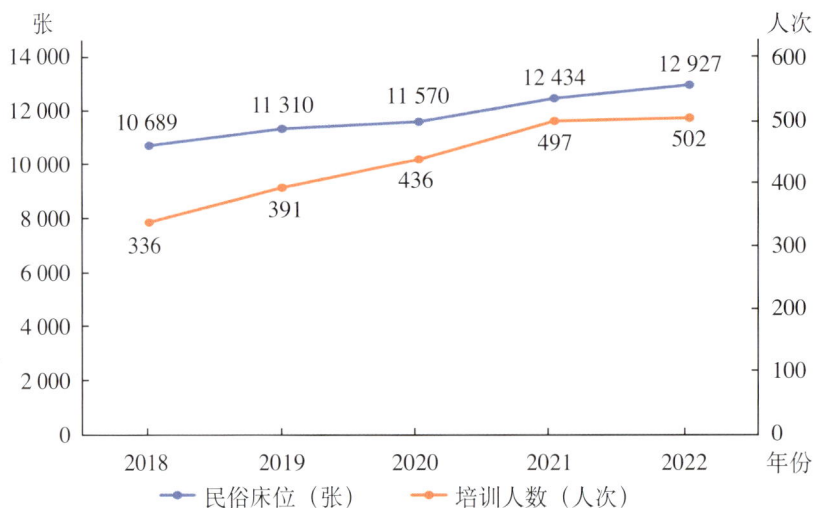

图4-27　杭州市桐庐县民俗培训与床位发展情况

★**湖州市德清县**坚持"绿水青山就是金山银山"的理念，大力发展以"洋家乐"为代表的乡村民宿新业态，围绕"培训＋文旅融合"，走出了一条独具特色的乡村旅游发展之路。建设民宿管家学院，培训乡村民宿从业者3 000多人，带动4 500人灵活就业。德清县农民培训与乡村旅游产业发展情况见图4-28。

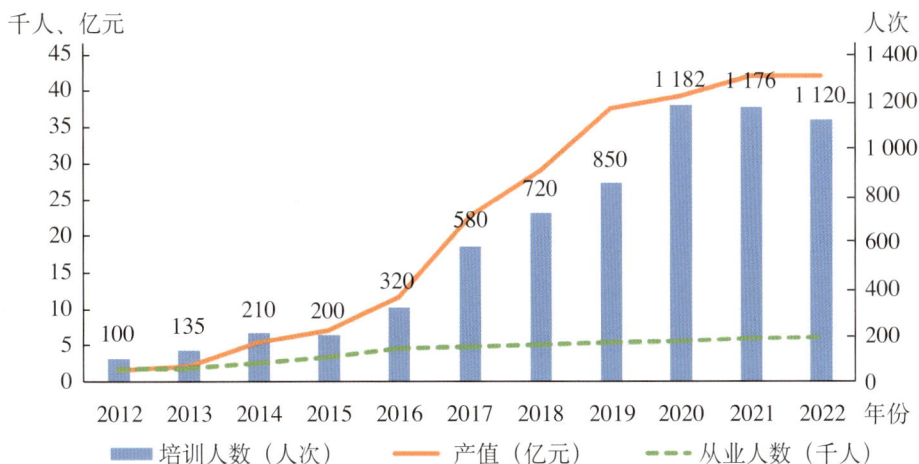

图4-28 湖州市德清县农民培训与乡村旅游产业发展情况

★**衢州市柯城区**立足乡村实际，坚持需求导向，依托余东村"中国农民画乡"的优势，大力开展农民画相关培训，培养青年农民画家30余位，已开发出点钻画、背包、雨伞等80余种文创产品。农民画产业已经成为当地村民经济收入的重要来源，实现了从卖画到卖文创、卖版权、卖风景、卖旅游的跨越式高质量发展，做到了"以一幅画兴一方产业，富一方百姓"，走出了一条共建共治共享、共同富裕的新路径。端午小长假期间，1.5万名游客来余东村游玩，带动周边农家乐、民宿收入近20万元，农民画文创产品更是热销。2021年，余东村农民画及相关文创产业产值达3000多万元，村集体经济收入达115万元，村民人均收入增长至3.4万元左右。

（四）加快农民转移就业

近10年来，围绕家政服务、农家小吃、绝活手艺、来料加工等开展转移就业培训，累计开展转移就业培训105万人次，促进84万人转移就业，转移就业率80%，打响了一批转移就业品牌，如衢州月嫂、常山阿姨、云和师傅、建德豆腐包、嵊州小笼包等品牌脱颖而出，带动相关产业年产值1 000多亿元。

1. 促进家政服务就业

近10年来，浙江省久久为功，持续推进农村妇女转移就业，大力推进保姆、月嫂、护理、养老服务人员培训，有力促进了农村妇女转移就业，累计家政培训近5万人次，涌现出衢州月嫂、常山阿姨等劳务品牌，成为名副其实的亿元产业。

★**衢州市**鉴于母婴护理市场服务良莠不齐，有专业技能、高素质的月嫂行业需求很大的现实背景，创新农民培训工作机制，创立衢州农民学院，举办月嫂培训班500余期，培训保姆和月嫂2万余人。通过"衢州月嫂"培训的学员社会口碑好，深受市场青睐，一结业就被预订光，平均工资与同行业相比高出50%。衢州"金牌月嫂"月平均工资在15 000～18 000元，有的甚至超过2万元。衢江区上方镇仙洞村的李玉仙，曾经是一名农村代课老师，从2012年开始，先后参加了三期月嫂培训班，并通过筛选成功成为第一期"金牌月嫂"培训班学员，月工资从3 000多元涨到目前的2万元以上。

★**衢州市常山县**牢记习近平总书记2003年到常山调研农民培训时的殷切嘱托，紧紧围绕"服务农民、服务发展、服务人才"培训宗旨，通过保障要素、创新模式、拓宽平台，着力打造农民培训全链式服务体系，成功打造"常山阿姨"农民培训金字招牌，帮助农民好就业、就好业。近3年来，累计培训"常山阿姨"8 900余人次，经认证的"常山阿姨"就业率达100%，7 000余名家政从业人员月平均工资6 000余元，其中月嫂的月平均工资达1.2万余元，累计带动家政从业人员增收至少9亿元以上。

2. 促进地瓜经济发展

近10年来，浙江省聚焦有一定产业基础、就业前景广、技能相对简单、致富效果明显的"小而散"特色产业，树立培训品牌，成立领导推进机构，每年给予专项计划支持，走出一条从输血到造血再到品牌化发展的农民异地就业创业道路。累计培育10万名技术能手，奔赴20余个省份，有不完全统计的相关地瓜经济年产值近1 000亿元。

★建德市围绕草莓种植和豆腐包制作，树立"建德师傅"品牌，成立县"草包办"，分类制定草莓标准地、豆腐包示范店，推动"建德师傅"就业创业轻装上阵，快速致富，累计培育"建德草莓师傅"达6 000余人、草莓种植面积超7万亩，遍布27个省份，全产业链产值超40亿元；"建德豆腐包师傅"达4 300余人，在11个省份推广建设示范店（点）347家，门店年均营业额超60万元，产值1.8亿元。

★丽水市云和县创新构建"教育培训＋创业服务＋政策激励＋考核评估"的"四位一体"培育体系，围绕香菇等特色产业做文章，建立县乡村三级培训网络，通过"千万农民素质提升工程"，近10年来，培养1.5万名食用菌师傅、茶叶师傅等从事异地综合开发，年创社会经济效益130亿元。累计带动中西部地区100多万农民发展产业、脱贫致富。"云和师傅"品牌荣获唯一一个省级著名劳务商标和质量名牌。

★丽水市松阳县围绕茶叶生产、销售、加工全链条做文章，培育认定高中初级松阳茶师11 000余人，茶叶全产业链总产值达126.4亿元，外出茶师达到500余名，在贵州、湖北、四川、江西、云南等8个茶叶主产地建起了5万余亩茶叶基地，联结辐射100万余亩茶园，带动100万余名异地农民从事茶产业致富。

3. 促进来料加工就业

近年来，围绕农村留守劳动力，大力支持共富工坊、家庭作坊等建设，开展竹编、塑编、缝纫、花艺、布艺等手工艺培训，每年普及型培训2万余人次，促进了农民家门口增收。

★宁波市奉化区深入开展来料生产加工助力共同富裕培训项目，有效纾解农民就业难、增收难、富裕难困境，实现农民灵活就业、增收致富，实现了农民在家门口就业的愿望，使农民培训"推得开""落得实""享得到"。全区共建来料生产加工示范点131个，培训从业人员4 000余人次，每人每月新增收入超过1 500元，整体收入增加5 900万元以上。巩固了脱贫攻坚成果，开创了乡村振兴新局面。

4. 促进特色餐饮业就业

近年来，农民培训服务小吃发展，助力百县千碗工作开展，发掘了一批特色小吃，带动一批农民在小吃领域就业创业，涌现出嵊州小笼包、建德豆腐包、开化清水鱼、新昌炒年糕、诸暨次坞打面、缙云烧饼等小吃品牌，年产值超过100亿元，带动10余万人创业就业。

★嵊州市农民培训学校为发扬光大嵊州小笼包这一富民产业，以"学一技之长、走共富之路"为己任，以送培下乡（村）或来校培训的方式开展小笼包技能培训10余年，培训学员10 000余人，5 000余人走上就业创业致富之路，年收入从5万元到十几、几十万元甚至上百万元。以嵊州小笼包经营为主的嵊州小吃人，已把嵊州小吃门店开遍全国各地，更漂洋过海走向世界，从业人员超过8万人，年经济效益超100亿元，已成为该市重要的富民支柱产业之一。小笼包技能培训为传承嵊州小笼包制作技能，促进农民就业创业致富发挥了重要作用。

★建德市作为浙西山区县市，针对低收入人群占比高、农民增收致富渠道有限的问题，围绕"山区有什么、人民需要什么、政府能做什么"核心问题，立足县域富民特色小产业，打造了一支"豆腐包师傅"乡土人才队伍，构建了技能培育、就业创业、产业抱团发展的建德师傅带农富农全周期体系，以"小师傅"带动"大富裕"，努力走出一条建德特色的扩中提低新路径。培训"建德豆腐包师傅"达4 300余人，在11个省份推广建设示范店（点）347家，门店年均营业额超60万元。

★诸暨市围绕次坞打面这一传统风味美食，打造人才队伍，为产业发展"输血"。浙江省农业农村厅将"诸暨次坞打面"纳入2021年浙江省农家特色小吃品质提升班必修内容。当地把次坞打面作为一种实用技能来抓，努力打造成当地促进农民增收的"新引擎"。"诸暨次坞打面"培训带动示范店315家，遍布省内外多个城市，全国从业人员达1万人，产值高达10亿元。

★丽水市缙云县成立烧饼办，主打烧饼师傅培训，"缙云烧饼师傅"已在全国开办品牌示范店581家、草根摊点7 000多家。

五、高素质农民培育平台大有可为

推进农业农村现代化，建设农业强省，促进两个"先行"建设，既需要科技等物质的支撑，更离不开掌握现代发展理念的高素质农民。为进一步促进浙江省高素质农民培育提质增效，提出建议如下：

（一）健全组织领导机制

成立由农业农村主管部门主要领导任组长、分管领导任副组长的高素质农民培育工作领导小组。进一步发挥好农业农村部门牵头职能，建立农民培训跨部门协调推进机制。落实定期例会制度，研究培训工作中出现的新问题、新情况，研究制订年度培训计划，统筹用好各条线培训资源，避免各自为战、减少重复培训。各地要建立横向覆盖相关部门、各产业条线，纵向到县到镇的联络员队伍，负责培训宣传发动、训后跟踪服务等。充分发挥专家学者与智库作用，持续开展高素质农民培育发展研究，集思广益研究对策措施，形成破解难题、推动工作的思路办法和政策举措。

（二）重塑农民培训体系

完善省级农民大学、市级农民学院、县级农民学校以及实训基地和田间学校四级培训体系。坚持扬长避短，突出专业办学，省级农民大学实行"一校多院"，在现有9个校区的基础上，根据乡村人才培养的专业需求，经培育机构申请，省农业农村厅审核，遴选一批专业特色突出、办学优势明显的高校院所设立若干专业院，实行动态管理；市级依托职业院校、科研院所等机构遴选设立市级专业院，挂农民大学分校牌子；县级依托中职学校、技工学校、乡镇学校、田间学校等机构设立县级校，挂市级农民学院分校牌子。省市县乡（企）构建网络化、精准式、联动式的乡村振兴人才培训服务平台。省级农民大学主要面向具有一定规模和示范带动作用的农业生产经营人才、乡村经营管理人才、乡村电商促富人才、乡村农旅发展人才四类人才，开展省级调训。根据专业需求，由农民大学各专业院承担。市级学院主要面向上述各类人才开展对应层次的市级调训。县级学校主要面向各类实用人才开展实用技术轮训和普及型培训。田间学校主要承担农民培训过程中的现场教学。农民培训体系架构见图5-1。

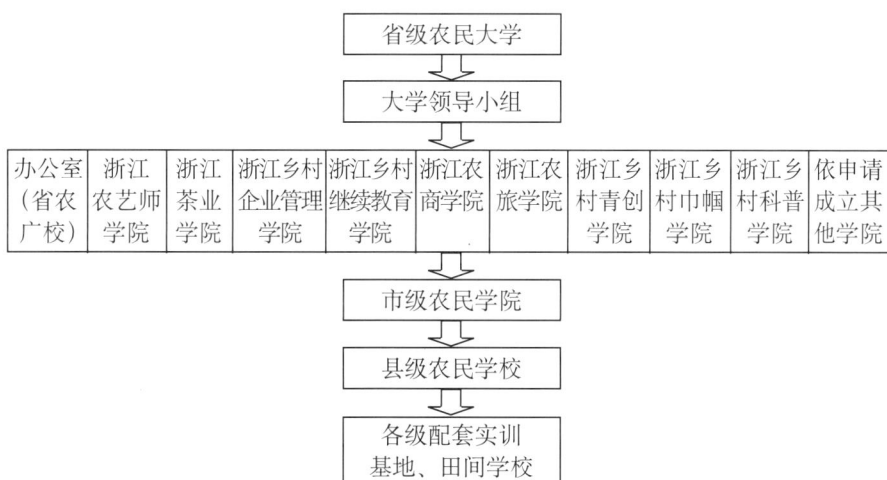

图5-1 农民培训体系架构

（三）规范培训体系运行

规范农民大学运营，农民大学下设办公室（议事协调机构）负责"整合资源、编制计划、协调管理、监督检查"。办公室成员由农业农村、教育、科技、水利、建设、文旅、供销、科协、妇联、团委、各专业院等相关单位有关部门负责人组成，负责横向部门间工作协调和各专业院管理。每年8月由农民大学办公室开展下一年度农民培训需求调研，并编制农民培训计划及预算。省级培训由农民大学各专业院和省级农民田间学校承担。市县农民学院、学校参照执行。各地各培训机构要遵循乡村人才培养规律，不断深化农民培养模式改革创新，主动对接新产业、新业态，积极推动人才培养链与创新链、产业链有机衔接，强化人才培养、科技推广、成果转化、社会服务、文化传承与创新职能，不断提升农民培训的实用性和经济社会效益。力争办好一项培训带动一个产业，一个产业致富一方百姓。农民培训体系运行机制见图5-2。

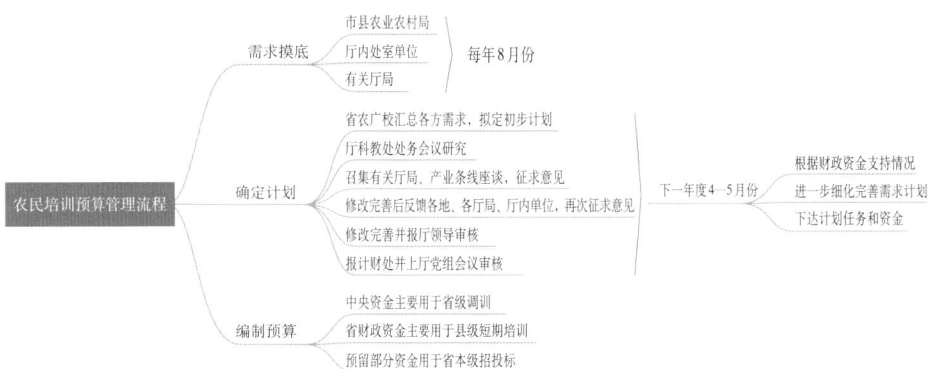

图5-2　农民培训体系运行机制

（四）完善课程体系建设

坚持实用、实效、时新原则，依托农民大学体系，发挥好专业院优势，根据培训项目设计制定专业课程包，完善课程体系，优化传统专业内容，培育新兴专业课程，切实保障学员的培训需求。推进"互联网＋培训"，整合聚集优质在线学习资源，开发适合浙江省农业主导产业与乡村振兴的在线课程、微课程，探索线上线下融合培育模式，满足农民用户多样化、个性化、全天候学习需求。坚持优质在线课程引育并举，制定在线教学课程准入、淘汰机制，筛选整合符合高素质农民培养方案及专业要求的课程建设范式，打造具有特色的在线授课品牌。制定在线教学激励办法，实施开展在线教学优秀单位、优秀教师评选活动，鼓励教师制作开展更多在线"金课"。省级层面培训机构围绕主导产业组织十大产业技术团队、涉农高校院所资源开展直播培训，及时吸收名师名课大赛优秀课程纳入课程库。通过直播课程加强互动，建立专家与农民零距离对接机制。

（五）加强培训监督服务

分级分类制定高素质农民认定标准，健全农民培训数字化管理平台，完善培训对象库、机构库、师资库、基地库、教材库，启动高素质农民普查登记，全部入库管理。强化数字赋能，全面优化农民培训管理流程，实现"农民需求线上采集，培训效果线上评价，培训绩效线上展示，训后服务线上跟踪"，持续提升农民培训数字化应用服务能级。创新农民培训计划编制，着眼培训主题要明确、绩效可评估，探索实施农民培训专项计划制度。省市级示范班应广泛推行创业导师＋专业导师制度，建立服务群，开展长周期生产经营服务。建立完善农民培训工作考评体系，加大乡村人才培育工作情况在乡村振兴战略实绩考核中的比重。探索建立培训内部评价与外部评价协调配套的农民培训质量保障机制。更加注重以评促建、促改、促管的实效，积极拓展第三方审计机构的监测评价职能，探索形成"政府管理、机构培训、社会评价"管办评分离的新格局。强化考评和审计验收结果应用，当年考评结果和下年度任务资金安排直接挂钩。完善学员创业业绩体系，推动将部省级头雁、乡村CEO纳入人才目录。强化项目支持，科技类项目、产业类项目应该优先向农业产业带头人倾斜，在现代农业园区、特色小镇、科技小院、企业创新实验室等承接上给予优先支持和税收、租金等的优惠政策。持续组织开展农民培训品牌申报，认定一批农民培训特色市县，公布一批优秀典型案例，打响一批农民培训促富品牌。

六、案　　例①

育头雁人才　强现代农业

浙江省农业农村厅

火车跑得快，全靠车头带。乡村产业带头人是农业农村发展的中坚力量。为充分发挥好乡村产业带头人的示范引领作用，2022年，全省以实施"乡村产业振兴带头人培育头雁项目"为载体，发挥好浙江大学、浙江农林大学、浙江农艺师学院多学科特色优势，立足

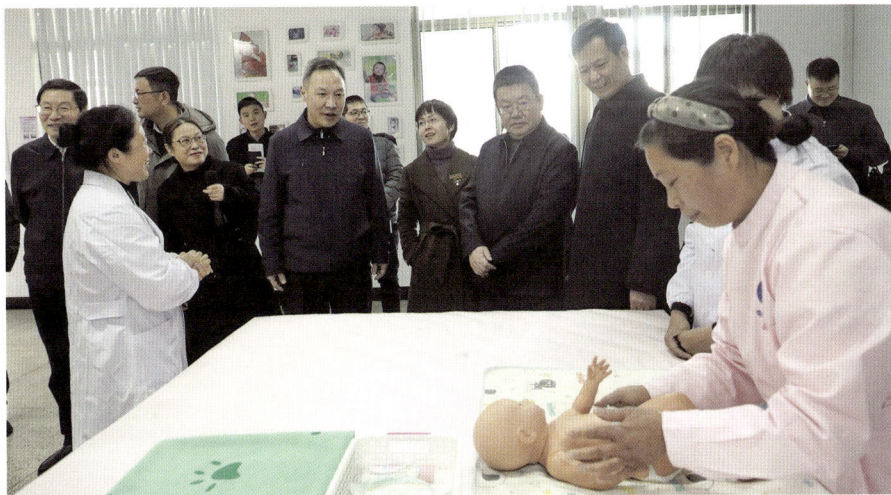

---

① 　以下案例由浙江省农业农村厅提供，经材料提供方允许后可用于其他出版物。

高层次、复合型和精准化培育目标，突出机制创新、模式创新，引入MBA高级研修班、导师制、组团式等办学理念，通过选、学、育、扶，有效提升了头雁主体联动、服务拉动、示范带动能力。力争通过五年时间，培育部省级头雁人才1万人，平均每个涉农县100人，成为乡村产业振兴的主力军。

一、主要做法

（一）提升"头雁"培育层级

推动"头雁"培育纳入省政府重要文件：出台《浙江省人民政府办公厅关于印发乡村振兴支持政策二十条的通知》，明确实施省级"头雁"项目，给予1万元/人财政补助。出台《中共浙江省委 浙江省人民政府关于2023年高水平推进乡村全面振兴的实施意见》，明确提出培育乡村振兴领军人才1 000名以上。

（二）实行双导师培育机制

指导培育机构因地制宜，建立导师数据库，充实专家库师资资源，成立专家指导委员会，从5 000余名省内外知名专业导师库和创业导师库，选聘专业导师500余人、创业导师400余人，创新实行双导师制（专业导师＋创业导师）和导师团队培育机制，由学员根据自身产业和需求确定导师意向，经过双向选择，签订结对培育协议，明确双方在技术咨询、论文制作、创业服务、现场指导等方面的职责义务。同步开展"1＋1＋X"交叉培育（即跨专业、跨导师研讨指导等），大大提高了培育的针对性。

（三）创设综合评价体系

在国内首创设计应用了一套"头雁"学员创业业绩评价体系，该体系由10个一级评价指标、35个二级评价指标及权重组成，根据创业业绩分划定入围分数，对入围人员按照从高分到低分录取，上线浙江农艺师学院学员管理系统进行学员注册申报工作，实现线上审核、线上评价、线上录取，大大提高遴选效率与质量，增强学员遴选竞争性，促进学员"要我学"变为"我要学"。

（四）探索学历直升通道

发挥浙江农林大学学历教育优势，推进农民培训与学历教育学分互认，建立"头雁"培育与学历教育衔接制度，参加"头雁"培训学员顺利结业者（结业证书），获得学历教育学分并存入"学分银行"，无条件用于置换学历培养非学位课程学分，获得培训学分学员享有成人学历教育相应课程免修权利，在职称评定中按照本科学历对待。参加"头雁"培育预计可得20学分左右，一般本科学历教育（成人）培养的总学分为80学分左右，占本科学历教育总学时的四分之一以上。

（五）开展延长周期培养

根据平时表现、论文发表、参与项目、荣誉争取等情况，在首批"头雁"中遴选100名优秀学员，培训结束后继续在浙江农艺师学院在职研修一年。将符合条件"头雁"企业纳入相关实习实训基地、成果转化中试基地、学校人才培养体系，打通产学研及成果转化良性通道，实现人才培养、科学研究、成果转化和产业发展需求无缝对接。

（六）延伸培育服务内容

搭建产销平台，整合中国农民企业家联谊会、浙江省农学会、浙江省农业产业商会、浙江省产学研合作促进会、浙商振兴乡村产业集团等平台，创建优质农产品供应链联盟、优质农资供应链联盟，打造"优农佳品"应用平台，对接农博会平台，对学员的相关产业和产品进行"优选、优创、优购"服务，销售农产品近2000万元。优化营商环境，组织相关厅局、厅内责任处室负责人开展"头雁"营商环境、农创客营商环境优化提升对接交流会。设立"森井发展"专项基金、"浙商教育"人才基金，支持学员交流活动。组织近500名专家走访学员企业，开展考察交流活动100余次。加强项目支持，对基础扎实、发展前景较好的主体纳入省级农民培训实训基地和科技示范基地，"头雁"吸收为创业导师，优先参与"三农九方"等院地合作和农业"双强"项目，支持低碳生态农场创建，对接参与科技项目200余个，单个项目支持资金50万～1000万元。

浙江农艺师学院2022级乡村产业振兴带头人培育"头雁"学员结业典礼 2023.8.26

二、主要成效

一是开拓了学员思路。全省组织开展了项目绩效评价，学员反馈课程安排、教师专家层次高、水平高、干货多、服务实，打开了格局，开阔了视野，满意度测评达98％。二是提升了学员技能。其间指导学员发表论文34篇、新获技能等级168人次，晋升职称151人次，取得职业经理人职业技能认定49人次，入选省级新农匠60余人，获得省部级荣誉301人次，地市级荣誉153人次。三是增强了带动能力。增强"头雁"联农带农能力，领衔农事服务中心7个，领办农民专业合作社114个，示范带动50户以上的达到81％，担任各级人大代表、政协委员40人。四是绩效考评全国前列。农业农村部人力资源开发中心刘瑞明书记一行专题调研浙江"头雁"项目实施情况，并给予肯定。浙江省2022年度乡村产业振兴带头人培育头雁项目绩效考评全国第三。

三、案例总结

浙江省在头雁培育上，善于发挥各培育机构特色优势，突出专业化、小班化办学，打破传统培训模式，强化训后跟踪服务，加强项目政策扶持，在全国率先创设了一套学员创业业绩评价体系，率先在全国落实"双导师"培养，率先探索学员学历直升通道，率先搭建创业创新服务平台，扶上马，送全程，开拓了学员视野，提升了学员能力，有效助推了头雁学员创新创业，示范带动作用明显。初步形成了头雁领航、雁阵争鸣的生动格局。

"建德师傅"踏遍四方

建德市农业农村局

　　建德市作为浙西山区县市，低收入人群占比高、农民增收致富渠道有限。近年来，建德市围绕"山区有什么、农民需要什么、政府能做什么"核心问题，立足县域富民特色小产业，打造了一支以"草莓师傅""豆腐包师傅"为主的建德师傅乡土人才队伍，构建了技能培育、就业创业、数字赋能、产业抱团发展的"建德师傅"带农致富全周期体系，"建德草莓""建德豆腐包"成为建德市农业的"金名片"和具有全国影响力的"明星"产业，以"小师傅"带动"大富裕"，努力走出一条建德特色的"扩中提低"新路径。

一、主要做法

（一）强化顶层设计，形成 1 + 2 + 4 + N（n）规划

一个品牌统领，整合全县"小而散"特色产业，打造一支标准化、抱团化的"建德师傅"乡土技能人才队伍，走出一条乡土人才技能致富道路。两类师傅先行，围绕产业基础成熟、就业前景广、技能相对简单、致富效果明显的草莓、建德豆腐包产业，先行打造建德草莓师傅、建德豆腐包师傅。四种模式保障，打造技能培育、就业创业、品牌提升、数字赋能全生命周期服务体系，走出一条从输血到造血再到品牌化发展的"扩中提低"技能致富道路。N 个师傅门类复制推广，结合建德师傅经验，将建德师傅门类推广到莲子、苞茶、柑橘等特色产业，以培训一人、带动一片、致富一方模式，带动 n 个农户共富。

（二）强化标准指引，提升品牌生命力

推进技能标准化，根据建德特色产业开发专项职业能力考核和教材，开发"草莓种植""建德豆腐包制作"两项职业能力考核规范，编制豆腐包、草莓课程教材，实现特色产业技能可评价、可学习。推进就业创业标准化，分类制定草莓标准地、豆腐包示范店，推动建德师傅就业创业轻装上阵，快速致富。推进产品标准化，强化投入品监管和质量检测。草莓、豆腐包在多个环节设置质量抽查和监督，并建立了质量追溯和品质认证体系。

（三）深化四大平台建设，打造品牌生态

打造行业协会平台。县域层面成立豆腐包办、草莓办，指导服务建德师傅发展。打造县镇街三级培育平台。遴选 15 家培训机构，

打造豆腐包实训基地、草莓培训学院。通过课堂集中授课、田间学校现场教学等形式举办建德师傅培训290余期，培训15 000余人次。以赛促训，举办"全国精品草莓擂台赛""杭州区域性中式面点竞赛"等技能大赛20余场次。打造建德师傅产业载体平台。高质量推进杨村桥草莓小镇，寿昌909夜市建设，通过建德师傅延展上下游产业链，持续构建良好生态。开发数字化服务平台。上线"建德草莓""建德苞茶"等数字平台，为建德师傅提供技能培训、技能认定、就业对接、政策咨询等服务。

（四）深化四项服务，助力品牌发展

优化政策服务，成立五进小分队，进镇街、进村社、进企业、进工地、进农户宣传讲解建德师傅政策，累计服务500余次，解决问题80余个。提供技术服务，嫁接浙江大学、省农科院等科研院所资源，联合攻克技术难点痛点，如为草莓师傅提供"三级育苗体系"技术支持，为豆腐包师傅提供冷链技术支持。强化权益服务，为建德师傅提供种植损失责任、财产损失责任、人身安全责任全面综合保障。持续做好推广服务，打响建德师傅品牌，推荐草莓师傅作为技术专家对外进行技术帮扶，推进建德豆腐包门店进校园、进机关、进企业。

二、主要成效

一是带动农民致富效果明显。"建德草莓师傅"达6 000余人、草莓种植面积超7万亩，遍布27省，全产业链产值超40亿元；"建德豆腐包师傅"达4 300余人，在11个省推广建设示范店（点）347家，门店年均营业额超60万元；"建德阿姐"队伍达1 000余人，足迹遍布北上广深各大城市。"建德师傅"人均年收入均超10万元。未来三年，计划培育"建德师傅"2万人以上，新增年可支配收入20万元以上家庭25 000户以上。二是形成一批重大成果。"建德豆腐包制作""草莓种植"被列入省人力资源和社会保障厅公布的10个专项职业能力考核规范，并被列入浙江省《高质量打造"浙派工匠"金名片助力共同富裕示范区建设行动计划（2022—2025年）》工种。三是典型示范作用强。"建德师傅"门类持续增加，将向柑橘、莲子、茶叶等领域拓展；"建德师傅"作用日益凸显，如首批"建德草莓师傅"赵建明获得浙江乡村振兴带头人"金牛奖"。建德豆腐包培训不断提质扩面，如临安区开展建德豆腐包培训认定1 000余人次。依托遍布全国的"建德草莓师傅""建德豆腐包店"，建德将不断复制推广"建德师傅"带农致富的探索成果。

三、案例总结

"建德师傅"能够成为全省农民培训促富品牌，关键有三点：一是政府高度重视，并积极引导。自2009年以来，连续举办15届建德新安江（中国）草莓文化节，并于2019年举办中国（建德）草莓文化旅游节，持续扩大建德草莓在全国的影响力。创新"草莓标准地"建设，建立"政府主导、国企主建、镇村主管、市场主体"模式，促进草莓产业高质量发展。另外，实践管理协调机构创新，市域层面成立草莓办公室、豆腐包办公室，指导服务产业健康有序发展。二是加大培育"建德师傅"力度。建立市、镇（街）培训平台，优选培训机构，打造行业标杆基地，实现理论教育与现场教育结合，强化以赛促训等模式。三是加大与科研单位、大学的合作，引进新品种，占领新市场。授权冠名"建德白露""建德红"等品种，提升建德草莓品牌知名度。

"茶二代"续写"新茶经"

杭州市余杭区农业农村局

　　茶叶，是余杭区农业支柱产业之一。径山茶自1978年恢复创新以来，以其悠久的历史文化、独特的自然品质、完善的行业管理成为余杭农业产业的一张"金名片"。目前，余杭茶业总面积7.15万亩，年产量9 000吨，产值9亿余元。径山茶生产加工企业87家，径山茶专卖店31家，涉茶主题的民宿农家乐50余家，小规模茶叶种植户近万户，涉茶从业人员近20 000人。为做深做透茶产业文章，提升径山茶的综合实力，深化产业链经济的延伸，余杭区农业农村局自2015年开展全省首个"茶二代"系列化主题培训以来，已连续开展了多种形式涉茶类培训班135期，培训茶农6 000余人次，授证1 500人，其中50岁以下青年茶农4 000余人次，开启径山茶"茶二代"培育之路。

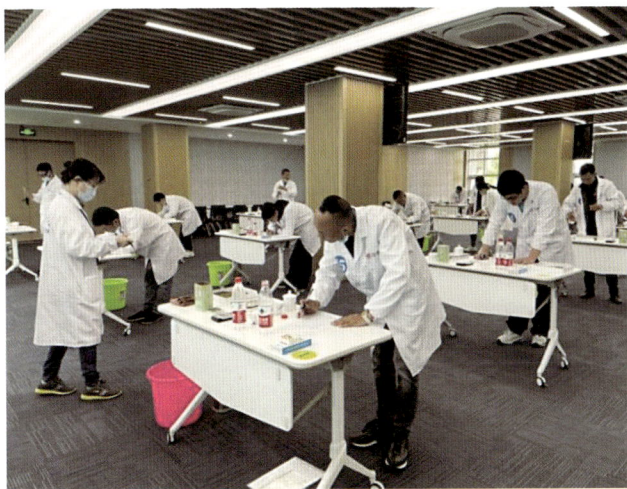

一、主要做法

（一）政策扶持，全面开展人才引培工作

人才是第一资源。近年来，余杭每年花1 000万元左右，做好人才引培工作，全力打造人才集聚高地，充分发挥人才支撑作用。**一是招引优秀人才**。招引35周岁及以下全日制本科及以上学历的青年人才和50周岁及以下农民高级技师、高级技工（一级）、中高级专业技术职称人员年龄的技能人才，分别给予3万～12万元的从业津贴，目前已招引涉农青年人才236名，引进高技能人才25名。**二是开展"项目化"培训**。实施"定人、定课、定补"的项目设计，开展人均50元至20 000元不等的培训项目，按需培训。**三是发挥人才引领共富**。实施"土专家"师傅带徒项目、田间学校技能教学项目，以奖代补，鼓励"土专家"发挥技艺引领、培训带动作用，每年培训农民3 000人以上。

（二）因材施教，树立"品牌化"培训

量身作计划，重点抓特色。根椐不同的培训需求及培训对象，形成"金字塔"式培训分层管理模式。**一是普及性培训**。针对受众面广、年龄限制低、无学历要求的农业专项技能类培训课程，通过送教下乡、视频教学、巡回授课等方式，扩大教学普及面；针对小散农户、外来采茶工、茶叶爱好者等，开展病虫害防治、农机耕作、茶叶采摘及茶叶基础知识等项目培训。**二是职业化培训**。针对专业课程，以镇街为主体，设立1～2个实用人才重点班，开展专业技能课程教学，提升就业技能。如评茶员、茶艺师、炒茶工等。**三是高端型培训**。针对茶叶经营主体、涉茶乡村、园区领军人物、重点培育的茶企接班人，开设与高校合作的高端培训班、涉外考察班、师

傅带徒班、定向委培等，夯实茶叶主力军队伍基础。

（三）以创促学，开展形式"多样化"培训

一是"微视频"教学。创建了农民培训微课堂、钉钉直播课群、各类微信群，开展直播授课、视频微课堂等。目前，钉钉直播课堂人数700余人，开展涉茶课程20余期，线上交流、点赞等十分活跃。二是田间学校教学。四岭名茶厂的径山茶加工工艺、五峰茶业的茶艺（评茶、茶文旅）教学、云顶农庄的茶叶栽培等，特色明显，吸引力强。三是以赛促训育人才。五年来，开展茶相关的各类竞赛10余期。如闲林、中泰街道每年举办龙井茶炒制大赛，这一活动已成为当地茶农的盛会。余杭区已连续举办涉茶精英赛3期，从茶艺师、评茶员到综合技能营销竞技。精英赛第一名直接评定为E类人才，优先评选为余杭工匠、市五一劳动奖章，享受购房补贴20万元。目前，涉茶行业农民中C类人才1名，E类人才9名，F类人才10名。

二、主要成效

一是引领产业提升。据径山茶行业协会87家涉茶企业运营调查，30～40岁青年人主持工作的占70%，通过培训并取得专业技术职称的人员213人，取得茶艺师、评茶员双证人员70余人，统一使用"径山茶"地理标志，径山茶品牌价值得到提升。二是引领多元化发展。余杭区还开展了茶营销人员、民宿（农家乐）业主相关茶产业的培训，带动余杭区民宿、旅游等新业态对茶产业的宣传与提升，如"径山问茶""径山茶汤会""径山茶宴"等系列的特色展示活动，提升了茶产业链的发展。三是引领就业创业。余杭区目前吸引青年创客625人，其中涉茶人员有100余人，带动了周边的青年学

员一起创业，径山镇还培育了一批茶文化指导师、茶叶解说员，开启了家门口"新工种"生涯，既顾家带娃，又营业谋生。

三、案例总结

农民培训虽然看不到立竿见影的成绩，但持之以恒发力，必定会产生积极的影响。自2015年余杭区着手开展第一批初级评茶员培训以来，形成报考更高一级技师的积极氛围。农民培训促进茶产业链延伸，相关产业如民宿、农家乐、涉茶的三产经营主体增多，促进乡村产业多元化，助推农民就业增收。茶文化解说员、宋代点茶、茶艺师资等不断强化，新一代茶艺师呈多才多艺发展态势。余杭农培通过创新实践，培育"茶二代"，念好"共富经"，为余杭茶产业的提升发展提供专业化的人才支撑。

"红美人"长红，"全链式"有功

象山县农业农村局

　　2001年，宁波市象山县在柑橘品种选育过程中发现全国第一棵"红美人"橘树。2021年，浙江省"红美人"栽培面积达到12万亩，年产值近15亿元；全国"红美人"总栽培面积超70万亩，投产面积超15万亩，年总产值超50亿元。二十年，一个新兴柑橘品种的崛起之路，一张象山闪亮名片的铸就历程。

一、主要做法

（一）"全链式"培训正式启航

　　"全链式"培训，顾名思义，为对接"红美人"全产业链发展衍生出一个一站式服务培训模式，即常态化面向橘农提供柑橘文化传播、种苗选择、农资供应、种植技能、检验检测、品牌塑造、产品销售等一系列帮扶指导和服务培训，让进入"红美人"产业的广大农民即刻享受到一站式服务培训的雨露。象山县委、县政府高度重视柑橘产业发展、栽培技术与品牌建设，组织研修生赴日本爱媛县学习柑橘种植技术，相继培养了一批像顾品、邬孝聪等技术骨干，成为"全链式"培训的试水者。象山县早年"链式"培训链条相对比较单一，一般以"科研院校＋农业技术骨干＋农业企业骨干""农业技术骨干＋种植基地＋大户""农业企业＋散户"等模式进行柑橘种植的传道解惑，而且更多培训服务只是集中于柑橘种植生产技术，相对缺乏上游品牌文化建设、下游产品加工、市场销售渠道拓展及占领等产业链贯通环节。

（二）"全链式"培训逐年拓展

从第一株"红美人"诞生到产生第一桶金，再到产业爆发式增长，"全链式"培训也随着产业不断进步拓展。以象山"红美人"柑橘发源地晓塘乡为例，从原本只有像顾品等少数大户带动现身说法，结合农业部门培训，带动周边农户发家致富的场景，发展至当前热火朝天的"红色链式培训阵地"。该阵地由7家村党支部、3家两新支部组成的柑橘产业党委，投入400多万元建成"晓橘灯"党群服务中心，引进全省首个"乡镇平台"全日制大专班，落实24名技术党员坐班，常态化面向橘农提供"种苗选择＋农资供应＋种植技能＋检验检测＋冷链包装＋电子商务"一条龙培训指导服务，带动农户1 700户，累计接待全国各地学习对象41批次1 580人次，解决橘农各类问题诉求724件。2021年晓塘乡柑橘产量2.86万吨，实现产值3.92亿元，农村居民人均可支配收入4.3万元，成为象山县"全链式"培训品牌成果的最佳缩影。

（三）"全链式"培训日臻完善

近年来，象山县高度重视打造柑橘区域公用品牌，大力发展"红美人"等精品柑橘产业，编制《象山柑橘区域公用品牌战略规划》，加强产业发展、品牌建设及专业人才培育的顶层设计；先后出台农产品品牌建设、柑橘气象指数保险、柑橘产业发展扶持办法等配套政策，并整合扶持资金，重点用于人才建设和柑橘产业发展。随着"红美人"品牌影响力日趋扩大，上到品牌策划、产品销售、电子商务等高端人才，下到一线种植技术、检验检测、冷链包装等骨干人才，全国各地都有"红美人"的身影，因此产业链条上亟需各类技术型人才。为此，"全链式"培训品牌与时俱进，象山县不断整合社会资源，加强与浙江大学、华中农大、省柑橘研究所、浙江斯柏瑞新媒体公司等合作，建立院士团队专家工作站、省柑橘研究所象山分所，目前拥有中级以上职称专家14人，其中副高以上5人。同时着力构建"产学研用"一体化人才培育体系，并结合当前热点，拓展培训内容，重点开设品牌塑造、短视频直播引流、短视频账号打造及团队搭建、爆款视频拍摄实操等相关专业课程，"全链式"培训品牌全方位为"红美人"产业提供人才支撑。

二、主要成效

一是乡村人才队伍得以壮大。象山县聚焦红美人产业，每年培训农民总人数达到8 000人次以上，涌现出李根土等中国林业乡土专家4名，县级乡土专家40名，浙江省农业技术推广贡献奖和全国农民教育培训"百名优秀学员"扶贫先锋顾品，全国乡村振兴实践指导师韩东道，全国农民教育培训"百名优秀学员"保供先锋王财安和励阿达，省农民教育十佳学员屠野田等典型。二是红美人产业高效发展。2021年象山县栽培红美人面积达3.9万亩，亩均收入5万～10万元，普通农户种植两三亩红美人，年收入约20万元，在家门口就能致富,创造了"亩均万美元"的高效益；2016年参加第一届高素质农民培训的61岁学员徐志良，种植2亩红美人，最高一年收入达36万元，至今已经收入近200万元；定塘镇新岙村橘农陈忠林也是第一届高素质农民培训班学员，种植红美人24亩，每年纯收入200万元，他说从基本不懂柑橘植保技术到行家里手，全靠农民培训。

三、案例总结

"红美人"已成为象山县橘农增收致富、奔向共富生活的"黄金果"，而其中"全链式"培训品牌的身影一直隐藏在产业发展大潮中，见证着"红美人"这颗新星冉冉升起到绽放光芒的全过程。"全链式"培训品牌为"红美人"产业源源不断地输送各式人才，成为产业链条中不可或缺的组成部分。人才推动产业蓬勃发展，产业发展又反哺人才队伍培育，两者相辅相成，双向奔赴。象山的"全链式"培训品牌正驱动着"红美人"产业巨轮滚滚向前，朝着共同富裕的星辰大海踏步迈进。

一片叶子富八方

安吉县农业农村局

白茶产业在农民增收和山区经济增长中的作用不可替代，是安吉历史文化的重要组成部分，是安吉实施乡村振兴战略的重要产业，是成为助力国家"一带一路"建设、精准扶贫、东西部产业协作的重要载体。目前，安吉白茶种植面积20.06万亩，全县茶园入选全国绿色食品原料(安吉白茶)标准化生产基地，茶农1.7万户，产业从业人员10万人，每年开采可为周边县区提供20万个就业岗位，产值占全县农业总产值的60%，带动全县农民人均增收8 600元，一片叶子富八方。

一、主要做法

（一）整合资源，建立农民培训长效机制

坚持以农民为中心，通过实地走访、网络平台调研等形式，分析现阶段农民培训主要空缺，建立农民培训需求数据库，以实际操

作为准绳，立足全县产业发展规划，制订培训计划和具体方案，促进培训和产业联动发展。坚持"农民需要什么我们就培训什么"，"高标准、严要求"科学制定招标方案，优选培训机构，因需因材施教，提升培训源头质量，激发农民培训源动力，形成农民培训长效机制。截至2022年10月，安吉县已培训高素质农民3 496人，一批爱农业、懂技术、善经营的高素质农民队伍，已成为家庭农场、农业企业等新型农业经营主体带头人和技术骨干，为实施乡村振兴战略提供了人才支撑。

（二）多样办学，确保农民培训高质高效

多形式开展教育培训，实行线下、线上相融合，固定课堂、实践培训相结合，培训、示范、推广、服务一体化的培训模式，达到随时随地按需培训。把培训班办到田间地头、示范基地、农业园区，教师在课堂上讲、现场做示范、生产中指导，加强跟踪指导服务，确保学员在干中学、在学中干，实现教产深度融合。同时，根据新生代农民偏好网络的特点，开展直播、短视频、线上运营等课程，通过"互联网＋农产品""互联网＋直播间"等多种模式，助力农民创业增收，使数字乡村和农民培训达到"1＋1＞2"的效果。

（三）人才共育，扩大共同富裕辐射范围

"吃水不忘挖井人，致富不忘党的恩"，安吉县牢记习近平总书记嘱托，以"白叶一号"茶苗为链接纽带，扎实做好东西部对口帮扶工作。通过开展农民培训，强化捐受两地技术沟通协调，提升西部结对基层干部及农村致富带头人的服务水平和创业带动能力，建立"一导师两大员"（金牌导师、乡村振兴指导员、一线跟班学习员）互派挂职机制，打造强有力的"白叶一号"产业协作团队，助力受捐地区变革生产运营方式。截至2022年10月，已开办东西部扶贫协作培训1期，培训50人次，累计向受捐村发放技术指导性材料29期，派出96批455人次的干部和技术人员开展指导工作，现场培训茶农2 331户、技术管理人员715人次。

二、主要成效

一是促进当地茶叶产业发展。安吉县大力推广安吉白茶"公司＋合作社（基地）＋农户"的订单农业模式，让茶农专心种植管理，

让企业专注生产加工，深化农民利益联结机制。目前全县订单茶园面积覆盖超7万余亩。年产值达31.13亿元，同比增长11.4%，带动全县农民人均增收8 600元。二是带动外地茶叶产业发展。自2018年以来，陆续向三省五县（贵州普安、沿河、雷山，四川青川，湖南古丈）捐赠了2 240万株白茶苗，帮助2 064户、6 661名建档立卡贫困人口脱贫。如2021年，湖南省古丈县翁草村集体经济经营性收入达33万元，农民人均纯收入1.5万元，较2017年分别增长550%、1 250%。

三、案例总结

路在脚下，心系远方。安吉县通过精准开展农民培训，坚持需求导向，围绕共同富裕这一培训发展大方向，抓好农工贸培训分级分类管理，建立农民培训东西部共促机制，聚焦产业发展，将培训成效体现在服务产业化、带动创业。通过高质量农民培训，有效提升农民专业种植技术和经营管理水平，带动当地农民增收，进而促进中西部地区经济发展，真正实现了先富带动后富，携手走向共富。

"绿衣"：为农"触电"披嫁衣

永康市农业农村局

永康市高素质农民教育培训紧紧围绕乡村人才振兴，以农民教育培训的"绿衣"模式为引领，依托"乡村振兴大讲堂"载体，充分利用"永康农民学校"、实训基地、田间学校等培训机构，因需因人因地施教，通过"大讲堂"学艺、"竞技场"练兵、"互联网"创业，培养适应现代农业需求的高素质农民队伍。2022年，全市实现境内网络零售额792.74亿元，直接带动创业就业30万多人。

一、主要做法

（一）牵住阵地"牛鼻子"，高规格打造创业实训基地

高标准打造永康市青年网商创业孵化基地和永康市大学生村

官创业实训基地，依托培训基地打造完整电商人才培训闭环，开展电商、微商、直播、平台等专业培训，提供优势产品资源，开设淘宝店及手机微店，企业与人才签订用工合同或自主创业。每年树立"互联网＋"创业理念，就地培养和提升适应现代农业需求的高素质农民队伍，稳步开展农村电商"百村千人"培训，实施面向农村经济组织、专业合作组织、创业青年、大学生村官、农民的培训计划。有序推进京东农村电商生态中心"四个一"工程，力促永康职技校与京东合作，成为全国职业院校京东电商产教联盟成员校之一，全力服务于本地电商企业人才建设。创立实训基地拓展教学＋跟踪模式，努力做好持续有效的后续指导跟踪服务工作，选派了一批有经验的老师对学员开店情况等方面进行上门入户面对面、一对一服务指导，提高网店建店的数量和规模。

（二）织密双线"联通网"，高起点优化农商对接环境

先后出台促进电子商务发展的多项扶持引领政策，激发农民的

触网热情，同时广泛搭建销售渠道，大力发展电商产业。不断完善普及农村电商应用、构建农村电子商务体系，培育"最土网""永康淘"等本土涉农电商平台，不断打通特色农产品和物流配送的通道，搭建起"农户＋企业"或者"农户＋合作社"的平台，走出一条品牌化道路。如"最土网"致力打造完善的村镇O2O电商平台，利用互联网将线上与线下资源重新优化配置，搭建双向供需平台，通过搭建电商运营中心、开展系列公益行动等，帮助销售爱心绿色农产品；"永康淘"整合特色农产品资源，开创了一条既面向市场，又不失"文化气息"的微电商平台之路，搭建了线上购物平台、线下O2O体验馆，让消费者在线上享受到轻松便利购物时，又能在线下实地看到真实的商品、体验到优质的服务。同时，"最土网"还联合金海胜知识产权实施"商标富农"计划，帮扶农户免费注册了商标，解决农户农产品售卖的局限。

（三）培育创业"领头雁"，高效率发挥榜样引领作用

挖掘发现一批掌握电商业务、具有创业精神、勇于挑重担的优秀青年，如浙江方园农业科技有限公司的孙灵娟被评为浙江省农村电子商务创业示范青年，并在首届中国（浙江）农村电商讲师大赛夺得二等奖。永康华溪农业开发有限公司负责人吕春发是唐先镇太平新村莲子产业的带领者，注册了"吕氏太平"商标。利用电商平台，吕春发将莲子销往全国各地，销量突破1 000多万元。唐先镇金坑下位村胡波涛是名85后，2016年成立永康市仙牛山生姜专业合作社，2017年成立仙牛山团队，将五指岩生姜产品进行线上线下销售。2022年受新冠疫情影响，他采用直播方式探索线上线下的直播带货新模式，将农产品销往全国各地，直播种植水果的视频还在学习强国平台宣传。

二、主要成效

一是培养一支高素质农民队伍。近三年，全市共培育新时代技能型农民1.6万人，不断扶持壮大一批"双创"达人。如"伟丰两头乌"肉类副食品负责人杨莉，通过参加农创客电商培训，在天猫上开起了旗舰店等，将产品销往全国各地。二是培育一批有影响力的网店。开展农村电商"百村千人"培训，推进"电商进万村工程"，现已培育淘宝镇13个，淘宝村191个，淘宝村数量居全国第三，其中，省级农村电商示范村84个，位列全省第二，连续两年被列为"全国淘宝村十大集群""超大型淘宝村集群"。三是促进广大农民致富创增收。永康市农民通过网络销售各类农产品，销售额超过8 000万元。永康市作为浙江省唯一代表，成功入围全国推进农产品流通现代化、积极发展农村电商和产销对接工作十大典型县市，并获中央2 000万元专项资金扶持。

三、案例总结

永康市高素质农民培训紧紧围绕乡村人才振兴、促进产业兴旺的目标,坚持面向产业、融入产业、服务产业,以农民教育培训的"绿衣"模式为引领,依托"乡村振兴大讲堂"载体,充分利用"永康农民学校"、实训基地、田间学校等培训机构,因需因人因地施教,通过"大讲堂"学艺、"竞技场"练兵、"互联网"创业,提升适应现代农业需求的高素质农民队伍,就地培养一批乡村农业创新带头人,为乡村振兴提供强有力的人才支撑。

葡萄架下话技术，因地制宜出良策

浦江县农业农村局

    葡萄产业是全县农业第一大产业，种植面积6.7万亩，2022年产量达12.2万吨，实现年产值13.42亿元。浦江被评为"中国巨峰葡萄之乡"，成为G20杭州峰会葡萄主供地，"浦江葡萄"获评国家地理标志证明商标，并获国家产地登记保护。浦江现有葡萄种植户10 248户。发挥葡农的主动性、积极性、创造性成为助推葡萄产业发展，实现乡村振兴与共同富裕的关键，其核心是培育一支懂技术、会管理、善经营的葡萄种植户，浦江积累了丰富的经验。

一、主要做法

（一）建立健全葡农培育体制机制

一是加强组织领导和政策保障。将葡农培训工作纳入县委人才工作计划，县农业农村局协同相关部门分工负责抓落实，做到有计划、有机制、有保障、有督考，常抓不懈、持之以恒；将农民教育培训经费支出列入各级财政预算。二是多元化统筹社会资源。建立以农广校、田间学校、农村远程教育站点为主，示范基地、技术协会、培训机构等为辅，布局合理、分工明确、优势互补的葡农技能培训体系。三是发挥"重点主体"能动作用。引导农业企业、产业园区等建设实训基地，联合科研院所、高等院校建设产学研用协同创新基地，引导推动靓松家庭农场等6个葡萄种、养、加工企业建设省级田间学校，建设院士专家工作站，创建农民田间学校，创新服务体系，提供创新服务平台，承担各类教学培训任务；组织开展农产品展示、电商、网络营销培训、直销示范各类教学培训活动，形成采摘、休闲、娱乐、科普、体验等多元化的服务模式。四是数字赋能。线上线下结合，整合培训资源，打造云上培训学习平台，丰富培训课程。

（二）创新举措培育优质葡农

一是"三分五合"创新培训形式。结合葡农技术水平差异，分层开展理论学习、分时开展实践操作、分组开展比赛观摩，采取集中与分散、理论与实践、定点与流动、书面与问答、走出去与请进来等相结合的教学形式，让葡农真正学到葡萄种植技术。二是"农民点菜、组织下厨"匹配培训内容。结合全县葡萄产业需求，专门针对葡萄产业开办高素质农民和农村实用人才培训班，精准培育优质葡农。三是"三种形式"互动创新培训方式。采用研讨式、问答式、案例式等互动教学方法，加强教师和葡农的双向交流，培训教师由"播音员"变为"主持人"，培训课堂由"一言堂"变为"群言堂"。

二、主要成效

一是多措并举"育人才"。累计开设18个葡萄种植班，培育葡萄种植管理能手939人、18个电商培训班，培训农产品电商营销能手859人。二是学以致用"提效益"。通过引进来、走出去相结合的学习模式，丰富全县葡萄种类，促进产业转型升级。目前，县内阳光玫瑰葡萄亩均收益达5万～10万元，巨峰葡萄亩均收益达1.5万～2万元。如浦江县郑宅赵姐家，家里种有20亩阳光玫瑰，以前卖不上价，在培训班学习后，种植的葡萄果形好、糖度高、品质优，以22元/斤的收购价被订购，且供不应求，亩均收益达8万/亩。三是接二连三"拓链条"。做足"葡旅融合"文章，推出应季采摘游、风情农家游、农俗文化节等活动，形成了农业生产、建筑美景、生态大棚葡萄、果蔬采摘、田园景观、农耕文化相结合的产业链条，进一步提高葡萄产业综合效益。2022年8月葡萄成熟以来，全县共吸引游客3万余人次，采摘葡萄150吨。四是示范带动"奔共富"。目前，全县成立葡萄专业合作社149家、家庭农场561家、个体户1万余家，葡萄出口基地5个，带动超万名葡农乘上"共富列车"。2022年，全县葡农户均收入13.2万元，较2016年的近7万元翻了一番。

三、案例总结

"浦江葡萄"成为著名品牌的关键，**一是建立健全葡农培育体系**。将葡农培训工作纳入县委人才工作计划，培训经费支出列入各级财政预算，并形成多元化投入资源。**二是创新举措培育优质葡农**。"葡农点菜，组织下厨"匹配培训内容。根据培训对象的不同需求和问题，将培训教师由"播音员"变成"主持人"，培训课堂由"一言堂"变为"群言堂"。**三是抱团发展形成发展势能**。通过成立合作社、出口基地、发展农文旅等方式，建立葡萄种植、销售、技术服务等链式服务机制，有效促进了葡萄产业做强做大。

丽水"农三师"，匠心赋品质

丽水市农业农村局

近年来，丽水市以党建为引领，以提高农民素质和就业创业技能为核心，深入实施"农三师"培育工程，加快打造乡土人才品牌体系，努力建设一支高觉悟、懂科技、善创业、留得住、用得上、数量充足、结构合理的农村实用人才队伍，为丽水加快跨越式高质量发展、建设共同富裕美好社会山区样板贡献农技力量。广大"农三师"活跃在乡村山野和田间地头，在助推产业发展、增加农民收入等方面发挥了重要作用。

一、主要做法

（一）建立"农三师"分类体系

丽水"农三师"，是指具有良好道德品质，为丽水市农业农村发展做出积极贡献，在一线生产经营中能够发挥示范引领和传帮带作用、在农业农村电子商务和设计改造等新业态方面成效显著、在农业科技上取得突破性和引领性创新的人才，包含中级"农三师"、高级"农三师"、金牌"农三师"三个层次，分为农作师、农商师、农匠师三种类别。按照各县（市、区）产业特色，全市设立"莲子师傅"等21个"农三师"子品牌。

（二）建立"农三师"选拔机制

人才选拔范围包括：农作师包括种植能手、养殖能手、捕捞能手和加工能手，优先从"丽水山耕"优秀会员单位、品质农业生产、新技术集成创新与推广等相关人才中选拔；农商师包括企业经营人才、农村经纪人和农民专业合作组织负责人等，优先从农产品加工营销、"丽水山居"农家乐民宿乡村旅游、农村电子商务、来料加工、农村超市经营等相关人才中选拔；农匠师包括技能带动类、文体艺术类和传统技艺类人才，优先从乡村春晚、传统村落保护、传统技能技艺、农业机械制造等相关人才中选拔。丽水"农三师"人才每年选拔评定一次，每次选拔评定金牌"农三师"3名以内，高级"农三师"30名左右，中级"农三师"100名左右。对新入选高级"农三师"给予一次性3万元资助，入选5年内享受E类人才待遇。鼓励"农三师"不断提升，每年从高级"农三师"中评选3名以内金牌"农三师"，当选5年内享受D类人才待遇。选拔评定工作在市委人才科技工作领导小组领导下，由市委农村工作领导小组办公室负责"农三师"选拔、考核、奖励和管理服务工作。

（三）加强"农三师"认定管理

出台《关于加强农村实用人才队伍建设助推乡村振兴的实施意见》（丽农办〔2018〕7号），实施"农三师"培育计划，每年选拔评定一次，丽水"农三师"实行动态管理。县（市、区）加强"农三师"人才队伍建设，围绕当地农业主导产业、特色产业和优势产业，深化农村实用人才品牌培育，完善以"丽水农师"为首的"1＋X"人才品牌体系。2022年，出台《丽水市"绿谷英才"乡土精英选拔管理办法（试行）》，打通了丽水"农三师"上升通道，每年有20名左右的优秀高级"农三师"评定为E类人才。2022年，继续加大丽水"农三师"培育力度，打通农业科技人才进入高级"农三师"队伍通道。

（四）搭建"农三师"培训平台

突出现场式体验式教学，将现代农业园区、农业企业、农民专业合作社、家庭农场等纳入"农三师"实践平台，建成示范实训基地50个。实施农民学院（校）培训、实训基地锻炼、"农三师"人才结对的"三位一体"培养模式，成立市、县"农三师"社团组织，通过经常性的技能比武、以师带徒、交流学习等方式，凝聚一批有一技之长的乡土人才。同时，开展农村实用人才学历教育，搭建

"丽水农民培训服务管理平台"，坚持精准培训，农民可以在"丽水农民培训服务管理平台"上根据开设的培训班进行自主报名，同时农民可以直接在平台上提出培训需求。线上线下两条腿走路，满足农民用户多样化、个性化、全天候的学习需求，解决培训时间、空间、监管等方面的矛盾。

二、主要成效

一是"农三师"队伍不断壮大。围绕"丽水山耕"生态精品农业、"丽水山居"农家乐民宿、"丽水山景"景区村建设、"丽水味道"小吃工匠等"山"字品牌，目前已累计培育丽水"农三师"10 532人，其中高级"农三师"180人、中级"农三师"1 134人。二是有效带动农民增收致富。注重发挥高级"农三师"引领作用，延伸农业＋产业链，提升农业整体竞争力。如缙云县高级农作师李春萌回乡成立五羊湾茭白合作社，首创"单季茭一年两收增产模式""提高单季茭白再生茭抽生数量"等方法，带动4 500多户农户种植茭白，辐射周边基地1.6万多亩，并在四川、贵州等9个省开展茭白扶贫。三是品牌影响力不断扩大。在"农三师"人才品牌打造上，立足本地乡村特色产业，不断完善以"丽水农师"为首的"1＋X"人才品牌体系，巩固提升"云和师傅""松阳茶师""缙云烧饼师傅"等老品牌，大力培育"西餐师傅""龙泉菌师""莲都商超"等新品牌，共打造地方子品牌21个，提升了工作影响力和知名度。如"云和师傅"培育入选国务院扶贫办十大扶贫带头人培育典型案例，其易地扶贫开发案例多次登上央视新闻。又如"缙云烧饼师傅"已在全国开办品牌示范店581家、草根摊点7 000多家，遍及全国各省（区、市）和欧美、东南亚的16个国家（地区）。

三、案例总结

　　"农三师"为乡村人才振兴提供了一个可借鉴的案例。"农三师"在制度设计上，充分考虑了山区市农业农村的实际，一头连接农村实用人才，一头连接产业发展、乡村治理、农民增收。在层级设置上，也非常符合人才培养的基本规律，打通了"土专家""田秀才"晋升的通道。在实施效果上，"农三师"遍布全国各地，对外输出了丽水品牌和"丽水技术"。要实现共同富裕，关键要实现农业农村的共同富裕，"农三师"涵盖了农业农村几乎所有主要产业，离农村最近，与农民最亲，做农村事，说农民话，是带领农民增收致富的领头雁，将在实现共同富裕的征程上发挥更大的作用。

"松阳茶师"，买卖种植遍全国

松阳县农业农村局

近年来，松阳县委、县政府围绕打造"浙江生态绿茶第一县"和"中国绿茶集散地"的目标，大力实施"科技兴茶、龙头兴茶、市场兴茶、品牌兴茶、文化兴茶"战略，把茶叶作为农业增效、农民增收的县域支柱产业来培育，加快推进茶产业转型升级。

一、主要做法

（一）围绕产业拓展抓培训

近年来，依托千万农民素质提升等工程，适应茶产业发展的用工需求，在常规的种植能手培训基础上，推出"茶叶加工工、营销经纪人、评茶师、茶艺工、导游"等特色培训专业，开展茶叶植保员和农机操作员培训。2018年以来，又拓展了茶叶品类，开发香茶和红茶加工制作、营销经纪人、茶业产业创业等专业，与茶产业相关的农民培训，统一整合为"松阳茶师"培训，着力于打造"松阳茶师"品牌。实施松阳茶师"百千万"工程，取得高、中级职业资格证书经考核合格的认定为高、中、初级"松阳茶师"，已认定高、中、初级松阳茶师100人、1 071人、10 136人。

（二）围绕人才激励抓培训

一是连续多年举办系列状元大赛。从2008年起，松阳先后举办了十四届中国茶商大会暨松阳银猴茶叶节。充分依托这个平台，开展采茶状元、种茶状元、制茶状元大赛，举办茶艺师表演等活动，激励了广大茶农参与"松阳茶师"培训。**二是组织"松阳茶师"外出考察开展创业培训。**目前松阳外出茶师达到500余名，在贵州、湖北、四川、江西、云南等8个茶叶主产地建起了5万余亩茶叶基地，同时通过收购当地茶青制作成品茶，联结辐射百万余亩茶园，带动百万余名异地农民从事茶产业致富。

（三）围绕实训基地建设抓培训

2021年，全县开启了实训基地的创建工作，通过联评认定5家县级、20家乡镇级实训基地，并根据实训效果和建设情况给予一定的奖补资金。要求实训基地创建达到五有标准，即有"合作的培训机构、依托的技术单位、适用的实训场所（基地）、规范的管理制度和实用的培训内容"。各实训基地以专业合作社成员和周边农户为培训对象，通过自主培训与合作培训两种模式开展农民技能培训，其培训内容与当地农业主导产业相结合，培训时间安排灵活。

（四）围绕师资队伍建设抓培训

一是建立强大的培训师梯队。聘请省农业农村厅、省农科院、浙江农林大学、市农业农村局的一些茶叶专家，对松阳茶师培训、授业解惑。二是培育提升本县师资力量。举办不同层次、不同方式的培训班以提高乡镇茶科员、植保员的业务水平。开设教师进修项目，累计选送15位兼职教师到省茶科所等科研院所进修高级评茶师等专业。三是编写培训教材。编制《松阳茶师》《松阳茶文化》《茶叶植保员》和《松阳县农民素质提升培训茶业读本》，全面系统地介绍茶园管理、种植、经营等各方面的知识。

二、主要成效

一是松阳茶师队伍不断壮大。近年来全县累计培训"松阳茶师"4万余人，带动全县6万农民从事茶产业致富。从零星种茶发展到现在5万人种茶、5 000人制茶、500多人卖茶，还衍生新生职业，如茶苗商、茶机商、炒茶师、代购商、茶园"理发师"、采茶工中介。二是茶叶产业发展壮大。松阳茶叶面积达13.32万亩。2021年，全县茶叶产量 1.65 万吨，产值 16.84 亿元。形成了"全县人口 40% 从事茶产业，茶叶总产值占农业总产值的 50%，茶叶收入占农民人均纯收入的 60%"的格局。

三、案例总结

随着茶产业的发展，茶叶加工、市场营销、评茶、茶艺等与茶产业密切相关的产业迅速发展，茶农培训需求呈现多样化趋势。为此，松阳县深入打造"松阳茶师"品牌，围绕产业拓展抓培训、围绕人才激励抓培训、围绕实训基地建设抓培训、围绕师资队伍建设抓培训，走一条精品化培育之路，使培训专业从一产延伸至二三产，覆盖整个茶产业链，适应了茶产业发展的新要求。

中蜂酿出"甜蜜路"

开化县农业农村局

开化县坚持"绿水青山就是金山银山"的发展理念，依托山区资源优势和生态优势，大力发展中蜂产业。2018年以来，县政府相继出台《开化县加快中蜂产业发展的实施意见》《开化县中蜂养殖保险工作试行方案》等相关扶持政策，中蜂产业步入发展快车道，中蜂养殖群数、从业人员数量、蜂产品（蜂蜜）产量、蜂业产值增长较快。目前，全县中蜂养殖量达5.8万群（蜂农4 000余户，50群以上的200户2.35万群，100群以上的70户1.35万群），继续保持全省领先，年产高品质成熟蜜300余吨，产值近亿元。已建成省级中蜂产业休闲观光园1个、种蜂场1个、美丽生态蜂场10个、县级中蜂养殖示范村19个、中蜂原生态和活框养殖示范基地100个。

一、主要做法

（一）"代养"托管享分红

实施低收入农户中蜂养殖菜单式补助，除农户自养外，创新"合作社＋基地＋农户"的代养模式，即由村集体成立合作社聘请专业养蜂人员为低收入农户提供"一条龙"养殖管理，县养蜂协会全程监督托管代养服务质量，确保代养过程"无抽成、无分成、无费用"。低收入农户蜂种由农业农村部门补助500元/箱，农户自筹资金50元/箱，收益按摇蜜实际所得数量乘以市场价进行分红，同时承诺托管代养期内每年给予每户每箱150～200元的保底分红，确保每年每户低收入农户依靠中蜂"代养"增收不少于1 500元。

（二）"保险"服务有保障

制定出台《开化县中蜂养殖保险工作试行方案》，与第三方保险公司合作推出全市首个中蜂养殖保险，首次将"农药中毒""病虫鼠害"和"其他类蜂侵害"等造成的损失列入保险赔偿范畴，保费由地方财政、蜂农个体按9:1承担（低收入农户产业帮扶对象由财政全

额承担），养殖量10群以上的均纳入参保范围，切实降低蜂农参保经济负担和养蜂风险。目前，全县参保蜂群达3万余群，2020年保险费用13.8万元，保险理赔31.38万元，成功抵御汛期影响；2021年保险费用22.09万元，支付赔款32.51万元，成功抵御冬天低温多雨不利天气影响。

（三）"培训"指导提能力

"县外专家授课＋本土能人教学"双管齐下，即邀请省市专家指导交流养蜂技术，集中开展中蜂养殖户培训，采用线上＋线下的培训方式、公办＋民办的培训形式、理论＋考察的培训模式、高级＋初级的培训层次，多方位、多渠道、多层次开展培训。同时，与开化浙源种蜂养殖场签订培训合作协议，通过购买服务的方式购买蜂场技术指导和管理服务，技术人员每周至少1天在村现场教学。目前，全县累计开展集中技术培训百余期，培训蜂农16 000余人次，拍摄中蜂产业发展技术、蜜源植物种植类节目15期，有效拓展蜂农眼界，提升养殖技能。

（四）"包销"合作稳增收

实施"中蜂为媒·甜蜜共富"帮促计划，通过与浙江省金融控股有限公司合作，推动产业帮促包销，即按照"县里管产蜜取蜜、金控管包装销售"原则，签订蜂蜜包销协议，以100元/斤的收购价，约定全年最高收购优质蜂蜜50万斤，远高于以往零散收购、各自零售的产值，预计10年协议期可实现最低净利润6 900万元。同时，通过打造"钱江源""蜂溢钱江"（浙江省十大土蜂蜜品牌）等品牌，加强与杭州、宁波等山海协作地的特色农产品专卖店合作，主打中高端蜂蜜产品，实现"飞柜销蜜"，有效解决"蜜甜也怕巷子深"的优质不优价问题。

二、主要成效

通过培训带动全县中蜂养殖场户达4 000余户（其中低收入农户有925户），中蜂养殖群数5.8万群，年产土蜂蜜300余吨（中蜂浅继箱成熟蜜生产技术全国领先），产值近亿元，蜂农户均增收1.6万元，中蜂产业为山区农民铺平了"共富示范"道路。如马金镇石川村50多岁的张运洪，在培训后开始养了4箱中蜂，第一年增收四千余元，信心大增后扩养蜂群数，如今每年稳定增收1万余元，过上"甜蜜"生活。

三、案例总结

浙江开化县中蜂养殖历史悠久，《开化历代方志集成》和《衢州府志集成》均有记载，被山区百姓誉为"天财"。近年来，开化县农业农村局立足钱江源良好的生态资源禀赋，践行"两山"理念，共建中华蜜蜂之乡，谋定而动、笃行致远，多维度开展蜜蜂培训、科普等工作，推动传统中蜂养殖跨越式发展，闯出一条山区县可借鉴、可复制、可推广的"共富示范"道路。

"德清民宿"多面手留八方客

德清县农业农村局

德清县位于长三角腹地，东望上海、南接杭州、北连太湖、西枕天目山麓，素有"鱼米之乡、丝绸之府、名山之胜、竹茶之地、文化之邦"的美誉。2007年，第一家"洋家乐"民宿——裸心乡诞生。2016年全县环莫干山洋家乐乡村旅游区被评为"全国首批乡村旅游创客示范基地"；莫干山洋家乐被评为"国际乡村旅游度假目的地"；2017年，德清洋家乐正式被评为全国首个服务类的生态原产地保护产品。《纽约时报》将莫干山评为全球最值得一去的45个地方之一。2023年8月德清首创的乡村民宿服务认证模式获国务院办公厅发文转发，在全国范围推广实施。

一、主要做法

（一）紧扣需求，提高农民培训实效性

随着农民素质提升工程培训项目的大力实施，全县每年都广泛开展基层农民学用需求情况调查，切实了解农民培训需求，结合镇（街道）实际，通过征求相关业务科室意见建议，有针对性制订年度培训计划方案，确定任务数、培训要求及培训课程，将任务纳入全县"四比一拼"考核，落实到各镇（街道），确保培训保质保量按时完成。德清县作为国内民宿产业的发源地，探索出了一条制度科学规范、产业链完善、区域整体发展、文旅深度融合、生态环保的可持续发展之路，成为我国民宿业的一颗明珠，成功打造了莫干

山"洋家乐"这一品牌，催生了大批民宿行业从业者，产业迅猛发展，人才队伍培养的重要性日渐显现。与之相伴，德清民宿产业技能人才短缺、从业人员技能提升难点堵点也日渐显现。针对这一问题，全县每年编制主题民宿培育计划，深入开展主题民宿培育，组建专家库。在五四村建设民宿管家学院，成立国内第一个有认证标准、有办学资质的民宿管家培训机构，根据学员需求，编写民宿管家培训特色课程（如花艺、摄影、管家服务等），探索等级认证，不断擦亮民宿管家品牌。

（二）立足服务，增强农民培训影响力

德清坚持以农民为中心，整体提高科技文化素养，以服务产业、注重质量、适度竞争、创新发展为原则，服务大局，发挥农民培训的作用，培育有文化、懂技术、善经营、会管理的高素质农民队伍。通过上门宣传、公众号推送、群信息转发等多种传播渠道发布农民培训内容的报道，让农民了解培训时间、要求和内容，真正让他们找到人、找对人。切实提高农民培训在农村的知晓度，充分调动农民参与培训的积极性。

（三）创新方式，提高农民培训吸引力

一是借助各类大型活动平台，增加全民关注度。针对长三角主流市场，挖掘婚旅、体育休闲等优质客户群体，开展莫干山休闲度假区目的地形象营销。结合长三角文旅创客大会、莫干山民宿大会、省户外运动大会暨莫干山户外运动嘉年华、莫干山民宿"感恩周"、"花开并蒂，山水共情"大型户外公益集体婚礼、长三角玫瑰婚典等活动，引起了业界和消费者的广泛关注，其中，户外集体婚礼微博热搜达到1.5亿，推进乡村度假与婚旅融合发展，加快建设长三角首个婚旅融合发展示范区，让莫干山"爱情胜地""蜜月首选

地"的形象深入人心。二是深化"民宿＋"元素，增强培训融合性。通过"民宿＋"元素，引领乡村旅游从单一民宿到业态多元，从个体作战到集群发展、从自主经营到公用品牌、从观光到休闲度假逐步升级。近年来，莫干山民宿产业发展实现了与文创、体育等行业的深度结合，如"旅游＋文创"，目前莫干山区域已有木亚创客、云鹤山房、云游莫干等10多个从事艺术设计、文案创作等方面的创客基地；"旅游＋体育"，先后举办了莫干山竹海马拉松、全国山地自行车公开赛、TNF100越野赛等大型体育活动，山浩户外运动基地和DISCOVERY探索极限基地项目分别成为省运动休闲旅游示范基地、中国体育十大创新示范项目。三是建立健全"民宿管家"激励机制。建立"能级工资"薪酬激励指导标准，制定《德清县推进能级工资集体协商全域试点实施方案》，鼓励民宿企业建立技能等级津贴制度，给予员工技能提升津贴，提高技能人才参与企业发展的积极性。出台《莫干山等级民宿管家补助办法》，并按"白金""金牌""银牌"三个管家等级奖励15 000元、8 000元、5 000元。截至目前发放民宿补助资金33万元。

二、主要成效

一是民宿人才供给增强。近三年来，使用省级资金开展民宿相关培训班11期，培训高素质人才449人，培育银牌、金牌民宿管家等乡村旅游从业人员148名，培训乡村民宿从业者3 000多人，民宿行业数万人网课，确保民宿行业服务人才的专业性与服务质量的稳定提升。2020年高素质农民培训班学员沈蒋荣获全省农民教育培训"优秀学员称号"，去过国务院新闻发布会，上了几十次央视，新华社、《解放日报》《人民日报》等多次报道。2021年美丽庭院建设培训班学员鲍红女，通过农民培训，不断学习，已成为莫干山民宿协会副会长，在她的带动下，很多同村的人开始动土改建自家房屋，学习民宿经验，探索新的增收模式。二是促进民宿产业蓬勃发展。德清县围绕"培训＋文旅融合"，突出"原生态养生、国际化休闲"主题，走出了一条独具特色的乡村旅游发展之路。乡村旅游接待441.55万人次，实现直接营业收入22.07亿元。民宿产业特色岗位带动灵活就业4 500余人，促进本地居民就业增收。

三、案例总结

德清县紧扣旅游产业做优共富文章，坚持把学用作为农民培训工作的一项重要任务，创新工作思路，注重学用结合，不断探索新途径、新方法，取得了明显成效。做优做强民宿管家培训中心，力争成为全国知名的民宿管家培训基地。完成民宿管理师新职业申报，开展针对管家、服务人员等的系统化培训，提升民宿管理服务品质，同时完善相关人才政策，为持续发展提供人才支撑。"民宿管家"新职业的设立和职业技能等级国家标准的制定，将进一步提升全国民宿从业人员专业化、职业化水平，全国相关院校、培训机构有了民宿行业人才的评估依据，民宿从业人员将拥有更加明确的职业发展方向，更好推动民宿产业经济高质量发展，助力乡村振兴，带动共富增收。

"种瓜师傅"闯天下，追着太阳种西瓜

台州市黄岩区农业农村局

黄岩区属"七山一水两分田"地貌，人均耕地较少、农业用地不足。黄岩瓜农队伍由小到大，星火燎原。如今，东到上海天津、南到海南云南、西至新疆西藏、北达内蒙古黑龙江，黄岩瓜农创业致富的身影遍布23个省（自治区、直辖市），他们甚至还走出国门，到缅甸、老挝、尼日利亚等国家包地种瓜，形成了"追着太阳种西瓜"的创业景象。据不完全统计，黄岩外出瓜农队伍人数已逾4.3万人，种植面积57万余亩，是全区经济作物面积的近3倍。目前，已建成48个优质瓜类生产基地，仅西瓜年销售产值50多亿元，外出瓜农每年净收入至少20亿多元，支付各地土地租金近10亿元，提供当地农业就业岗位5万余个，增加当地农民经济收入30多亿元。全区外出瓜农不仅自己走上致富路，同时带动我国中西部地区10多万农民种植大棚西瓜，为全国共同富裕走出了别样路径。

一、主要做法

（一）　因需施教，注重农民培训实效

一是加强统筹谋划。黄岩区委、区政府十分重视外出农业的发展，专门建立黄岩区外出瓜农产业推进领导小组，全面统筹外出瓜农发展战略的组织实施。二是注重模式创新。综合运用网络直播、靶向培训、市场需求定制、政府购买服务等方式，推动传统技能培训向重塑农民生产生活方式升级。探索总结出了"课堂理论培训＋

基地实践交流｜线上网络学习＋训后跟踪调查""走出去、请进来"等农民培训教育模式。**三是注重跟踪调查**。采取实地走访、电话回访、微信交流、发送短信等形式，针对不同培育类型培训班开展跟踪调查，了解广大农民的培训需求，同时为学员提供政策、技术、信息服务和精准指导培训，实现农业科技与农民的"零距离"接触。

（二）构建平台，精准对接瓜农需求

构建"瓜果天下"数字平台场景应用，贯通政府、金融、协会三方机构，为果农提供从智能选址、农资对接、种植技术咨询服务到供销对接、信用服务的全链式闭环服务，帮助外出农户了解市场、开拓市场。目前，已组建"瓜果天下"运营公司，打造自有西瓜品牌"红耘"，对使用、销售"红耘"牌西瓜授权主体，制定补助政策，推动产销两端共同培育推广自有品牌，累计发放品牌相关补助200余万元，"红耘"西瓜已在国内48个城市设立销售网点，年销售额达50亿元。

（三）培育头雁，发挥示范带动效能

依托黄岩区瓜农协会及省外各地分会，重点抓好骨干瓜农的技术培训。黄岩区瓜农协会自2007年成立以来，目前已在全国各省（自治区、直辖市）设立23个分会，并发展会员4 000余人，通过行业自律管理为散落在全国的种植主体提供技术指导、法律援助、融资对接等服务。每年9—10月份，组织外出瓜农开展技术培训和相互交流。近几年来，通过加大对瓜农协会骨干瓜农的技术培训，并通过他们发挥"亲帮亲、友帮友、邻帮邻"的传帮带的作用，收到了非常好的效果。据统计，近五年共培训骨干瓜农3 200多人次。

（四）树立标杆，创建"种瓜师傅"品牌

通过多年来对外出骨干瓜农的培训，很多骨干瓜农逐渐成长为引领一方的种瓜师傅，在他们的带领下，越来越多的年轻人从务工务商转身投入西甜瓜种植，为黄岩外出瓜果产业蓬勃发展增添了无限的生机。2020年7—10月，全区首次组织开展了"种瓜师傅"评选活动，经过个人自愿申报、瓜农推选、相关专家评审等各个环节，最后评定49位瓜农为第一批"种瓜师傅"。

二、主要成效

一是瓜农队伍不断壮大。2018—2022年，全区在实施"千万农民素质提升工程"过程中，累计培训5 626人，其中高素质农民930人，农村实用人才4 416人，农民中专生（纯农专业）280人。另外，通过利用科技讲座、科技咨询、网络直播、宣传资料等多种手段，开展普及性农民培训18万多人次。二是瓜果产业蓬勃发展。黄岩瓜农顺应数字化时代的发展，开展网上销售、抖音直播，并与百果园、碧桂园等著名品牌的水果商超大平台合作，形成了百亿元规模的农业产业集群。据初步测算统计，黄岩外出瓜果产业一年可带回20多亿元的净收益。以2020年云南勐海县为例，一亩地可收3 000～4 500千克，每亩产值2万元左右，每亩净收益近万元。尝到甜头的瓜农曾开心地说："有哪个行业可以与种瓜效益相比呢？"从黄岩外出瓜农群体来看，无论是外出人数、规模，还是效益，在国内外农业发展史上都并无先例，影响深远。

三、案例总结

乡村要振兴，人才必先行，解决"三农"问题，首先就是解决

人的现代化问题，要加快培养、造就一批有文化、懂技术、善经营、会管理的高素质农民队伍，才能适应新时代、新思想、新征程，加快推进农业农村现代化。"'种瓜师傅'走天下，追着太阳种西瓜"是黄岩外出农业蓬勃发展的真实写照，更是人才输出先富带后富的生动实践，通过对外出务农带头人的持续强化培训，让现代农业科技成果惠及更多农民，农业走出去愈发步稳蹄急，共富康庄大道越走越宽，促进了农业强农村美农民富。

"鄞农优学"筑农"芯"高地

宁波市鄞州区农业农村局

种子是农业的"芯片"。鄞州瞄准品种选育、良种推广、制种等环节持续发力，提升种业产业从业人员素质，加速种业产业可持续发展，"鄞农优学"人才培训服务品牌应运而生。"鄞农优学"培育对象主要针对种业产业从业人员，包括品种选育、良种推广、制种、种子销售等。2019年至今，深入实施"鄞农优学"人才培训服务品牌战略，按照金字塔型分类分层分批开展培训，共举办各级种业产业链类培训200余期，培训人数达1万余人次，"农民认可、成果显著、需求旺盛"的农民培训趋势日渐形成，"鄞农优学"人才培训服务品牌效应在鄞州初见端倪。

一、主要做法

（一）"微萌"到"茁壮"——才产融合

培育良种，需要解锁种子的基因密码——种质。2021年，为打造种业产业人才雁阵，将人才培训从追求数量往质量转变，瞄准种业专业人才的培养，着力对鄞州种业产业"领头羊"进行精准培育，强化种业"高、精、尖、缺、特"人才引育，对从事育种或种质资源保护的高校毕业生，明确享受就业创业扶持政策且不受人数限制。依托"鄞农优学"，加强与涉农高校、科研院所、龙头企业以及各类新型经营服务主体等社会力量对接，发挥好各类机构在师资、场地、设施设备等方面的资源优势，实现优势互补、资源共享。立足浙江大学、宁波大学、市农科院、宁波海洋研究院等科研资源平台，积极推动种业企业与科技院校有效衔接，建立产学研平台，成为农林院校的毕业生实习基地，形成从实习培训到就业上岗的人才引育链，建成省重点农业企业研究院、全省首家猪人工授精中心、部级蔬菜育种科技小院、西甜瓜科技小院。

（二）"种企＋制繁基地＋农户"——产学结合

实施"现代种业企业培育行动"，并将种业作为助力农民增收的重要突破口，依托龙头企业种质优势，指导生产主体大规模采用优质新品种，为学员持续提供制种技术咨询和指导，开展远程教学、信息推送、问题交流等服务；定期组织业务专家和技术骨干带着技术资料指导到村到户到田，开展现场咨询活动，在农业生产关键节点推行田间示范、送教下乡等培训模式，把优秀生产大户学员作为农业新品种、新技术的示范户，实行专家学员一对一结对帮扶，同时加强对种植大户学员的重点培育扶持，每年培训达 5 000 人次。

（三）"推广机构＋科研院校＋市场主体"——产业服务

除了种业龙头企业带动，推进产学融合，还积极拓展培训主体，建立健全以政府为主导的"推广机构＋科研院校＋市场主体"的三维产业服务体系，推广机构以赛代培组织开展形式多样的生产现场会、农产品品鉴评会，如"西（甜）瓜新品种优质高效栽培技术现场会""草莓新品种新技术现场培训""水稻浸种催芽技术指导""精品番茄推选活动"等。推进农技下乡服务，建设实训基地、田间学校、高品质绿色科技示范基地等平台，丰富现场观摩学习平台。开展赋能培训，选送农户参加浙大、浙江农林大、省农科院等开展的"头雁"培育、高校"研修班"和现代农业领军人才培训，"订单式"开展区级种养技术等培训，全面提高主体的业务能力和综合素质。

做好全程追踪服务，采取"专家引领＋跟踪服务"模式，将学员按照不同产业组建微信群，即时解答各类实际问题，提供全方位的技术支持、信息传达、渠道拓展，让农民知道"种什么""怎么种"的基础上，了解"卖给谁"，掌握"初加工"、持续"赚到钱"，帮助农民训后将所学迅速转化成生产力，让培训成果转化为农民的财富。

二、主要成效

一是种质人才队伍发展壮大。依托农民田间学校和实训基地，引育结合，培训近万人次，涌现出了如薄永明、白冰、汪琰斌、姚春梅、陈仲、郭斯统等一大批国家级技术能手、致富能手和农业高层次人才。二是种业产业迅速发展。已初步构建起政府为主导、企业为主体、产学研融合、育繁推一体的现代种业发展体系，推动鄞州种业产业迅速发展，种业年产值达到6.5亿元，带动农业产值245亿元。"美都"品种西瓜在全国推广种植65万亩，联结带动1.3万农民增收，创造年产值约80亿元；杂交青菜实现进口替代，在全国推广种植面积20万亩，实现年产值近5亿元。推广种植自主选育且拥有自主知识产权的"鄞红葡萄"品牌超8 000亩，带动咸祥等边远镇520余户村民就业增收，并催生出生态农业和观光农业等新业态，年产值突破1亿元。鄞州还将"鄞红葡萄"运用到东西部对口帮扶协作中，在吉林省延吉市打造占地40 000平方米的小营农业生态园，2020年带动72户104人脱贫，人均增收1 250元。

三、案例总结

近年来，鄞州围绕乡村振兴战略，坚持"人才是第一资源"，乘着"种业振兴"东风，依托种业产业优势打造"种业强区"，创新"鄞农优学"人才培训服务，创立"鄞农优学"人才培训服务品牌，探索农民教育培训新思路、新模式、新方法，走好"引智""培优""提能"三步，加大种业产业人才培育力度，打通"种业—农业—加工—销售"产业链条，为乡村振兴注入"源头活水"，以品牌培育和产业融合加快形成新的经济增长点。

"师带徒"育新人兴产业

杭州市余杭区农业农村局

建设宜居宜业和美乡村是全面推进乡村振兴的重点工作，要实现乡村振兴，产业发展是基础，人才支撑是关键。余杭区区位优势明显，文化资源丰富，人才引培数量持续位居前列。

一、主要做法

（一）出台政策强保障

余杭区于2022年出台《杭州市余杭区人民政府关于印发〈关于高质量推进农业农村现代化三年行动（2021—2023）实施意见〉的通知》（余政发〔2022〕10号），区农业农村局配套出台《关于推动乡村人才振兴的实施意见》（余农发〔2022〕74号）、《关于印发〈余杭区农民素质教育田间学校、"土专家"认定管理实施细则〉的通知》（余农发〔2022〕116号）等相关政策文件，对田间学校申报、培训要求、认定与评价、资金补助等做了规定，对田间学校的正常运行给予支撑。田间学校出台专项政策保障体系，在省内乃至全国都属先列。

（二）夯实基础强实力

一是软硬件建设有基础。单位建有与培训主体内容相衔接，具有行业引领作用的学习设施与设备，并且能满足学员学习、见习和实习的场所，有能容纳40人以上的培训教室，并配备投影仪、电脑、空调等相关设施设备。二是人才资源丰富。截至目前，全区培育农村实用人才资源总量23 393人，市级人才1 186人，农创客984名，经杭州市、余杭区认定的各类农业人才共178人，其中杭州市各类人才60人（市级B类1人、市级C类2人、市级D类13人、市级E类44人）；余杭区各类人才118人（区级C类2人、区级D类10人、区级E类61人、区级F类45人），"土专家"101名。三是启动跟踪培养模式。全区组织开展"土专家"师傅带徒项目，要求每位"土专家"带徒不少于3名，对验收通过的给予不高于5万元的补助。积极开展"新农匠"视频授课与现场授课大赛，要求各田间学校负责人带头报名并发动若干学员共同参加，共同提升老师与学员的综合能力。

（三）创新模式强动力

一是开展研修班促共富培训模式。15天的培训班均分段式进行，错开农忙时间，从田间学校的自身产业发展出发，找出瓶颈，找准老师，找好方法，做农民最喜爱的培训模式。同时，田间学校还传授如何当好一名"好老师"的经验方法，教会农民如何发通知、如何主持、如何设计课程、如何传授知识的方法论，让田间教学在全省传播。二是结合计划任务，迎合农事季节，带动合作社成员或周边农户，不定期地在田间学校交流开课，形成时时授课指导的产业带动模式。三是开展"以赛促训，以训参赛"的模式。开展各具特色、产业特征明显的"培训＋竞赛"模式，结合培训，开展农家乐礼仪竞技、径山（红、绿）茶加工赛、果蔬修剪工比赛、植保工大赛等。此外，每年还举办一场全区性的精英赛，第一名选手直接评为区级E类人才，第二、第三名获评区级F类人才。

（四）培训双延促共富

除组织田间授课外，以田间学校为主的培训班实现永不下课的终身"导师制"。田间学校根据各自业务特点开设针对性的培训班。通过田间学校这一平台，余杭区"土专家"在上课后和全省农户相识并交流从业经验，坚持"培训结束继续教学"的理念，对各位学员在从事农业生产过程中遇到的问题给予积极帮助，电话沟通甚至亲临现场指导，如作为全省第一家田间学校的杭州玉渚农业科技有限公司负责人郑洪广，多次免费驱车前往外地学员水果基地，为学员遇到的问题提出有效解决办法，在学员中树立了良好的口碑。此外，余杭区还推动农民"土专家"专业特长的发挥，自2018年以来，组织拍摄"土专家"授课视频，目前已完成了54期，作为跟进学习的技术培训资源包，实现线下至线上的延伸。

（五）专题宣传扩影响

一是印发宣传册。自2016年田间学校的政策制定以来，已出版了三册田间学校宣传册，分别在全省农培工作会议、全国农民培训工作会议上发放，影响面大，吸引了诸多外区及省外的高素质农民培训班来全区田间学校办学。二是出台专题报道。从2021年以来，我们在余杭三农专题设置了"绿领人才长成记""育人才、促共富"等专题，分别开展相关报道22期和26期，在全省农业领域有了一定影响力和知名度，用榜样的力量激励各类人才投身"三农"领域创新创业。三是媒体外宣。大国工匠何林海、全国共享师资郑洪广、青年创业标兵陈洁瑾及刘松等多名乡村职业经理人都被不同媒体深度报道。

二、主要成效

一是提升了一批产业。通过实施订单式培训，为特色产业发展提供了大量生产和管理人才，有力推动了农业产业的转型升级。自

2016年以来，余杭区农民田间学校共开展培训700多期，培训学员20 000余人次，推广新品种、新技术、新模式50余项，发放果树、蔬菜等种苗1 000多万株，带动20亩以上的农民创业100余户，获得了业界赞誉与良好口碑。二是鼓励了一批青年。余杭区吸引了一批优秀青年人才回乡创业。从培养人到选拔人，从职称评审、人才选拔、技能认定到最后的跟踪指导，余杭区相关部门提供"一条龙"服务。如余杭五峰茶业有限公司的马宽从海外回乡创业；"茶二代"周颖荣获省级茶艺师大赛一等奖、技能状元、E类人才；章红艳组建了"共富共享团队"，办起了民宿，实现了更深的创业梦想。2021年以来，有1人获评"大国农匠"，3人获评高级农艺师，8人获评省级"新农匠"，3人获评杭州市"金犁奖"等。

三、案例总结

近年来，余杭区紧紧围绕"提质增效"的目标要求，创新开展以农民为主体，以需求为导向，以田间为课堂，以实践为手段的农民教学模式，切实提高农民培训绩效，取得了较好的培训成果。通过农民教育培训工作辐射推动了全区"三农"工作的开展。实践表明，农民田间学校具有灵活、实用、直观等特点，不仅可以提高学员的农业技能，还可以增强学员的自我发展能力和创新能力，更好地适应农业发展的需要。

育强"农艺师"，领航大农业

浙江农艺师学院

2018年，在乡村振兴战略启动实施的大背景下，经浙江省人民政府批准，由浙江省农业农村厅与浙江省农业科学院共同组建浙江农艺师学院，主要目标是培育一批高端复合型农业领军人才和一线高层次应用型农业专业人才，属全国首创。此后，推进浙江农艺师学院建设多次写入浙江省《关于支持乡村人才振兴的实施意见》等政策文件。

2022年3月，按照中央一号文件的要求，农业农村部和财政部正式印发《乡村产业振兴带头人培育"头雁"项目实施方案》，旨在为全面推进乡村振兴、加快农业农村现代化提供坚强有力的人才支撑和智力保障。浙江农艺师学院的乡村人才培育"三优"模式，为全国"头雁"项目的实施提供了有益参考，负责统筹操办浙江省

"头雁"项目招生工作，并承担了全省一半的培育任务。在"头雁"项目启动后，农业农村部人力资源开发中心领导带队来院专题调研，指出浙江农艺师学院的在职研修生项目与"头雁"项目理念一致、内容相通，并对办学成效给予肯定。

一、主要做法

（一）优选：创设指标体系，强化数字赋能

为充分契合培养对象的目标定位，设计并应用了一套高素质农民创业业绩评价体系。该体系由10个一级评价指标、35个二级评价指标及权重组成，并针对不同类型人才进行适应性版本调整。同时，将业绩评价体系纳入浙江农艺师学院学员数字化管理系统，统筹实现学员线上注册、线上申报审核、线上业绩评价、线上录取通知、线上学员成绩查询等功能，提高管理效能。并由此建立学员培育数据库和固定观测点，监测和分析学员的创业状态、发展需求、培训需求和政策需要，为开展个性化、定制化跟踪指导与对接服务提供信息支撑。2022年，该套指标体系与数字管理平台，被实际应用于

"头雁"项目招生工作，对全省注册报名的1 437名学员进行遴选，显著提升了"头雁"学员遴选质量和效率。

（二）优教：创设双导师制，强化精准赋能

开展以专题讲座和实训实践相结合的2年制集中教学，特别是创新实施双导师（专业导师＋创业导师）双向选聘制，实行"双导师＋导师团队"扶育机制。其中，专业导师以浙江省农业科学院高级专家为主体，相关单位知名专家及管理部门负责人合力构成，为学员提供政策法规、现代技术、经营管理。创业导师以有一定影响力的农民企业家和资深的一线技能型人才为主，传授学员创业经验，指导学员破解生产经营难题，帮助学员对接市场资源。"双导师"制能够精准且持续地满足乡村产业领军人才的核心需求，是促进乡村人才培养提质增效的有效途径，并有望成为乡村人才终身职业培训体系的重要组成部分。通过学员与导师间的双向选择，学员能够找到兼具能力与意愿的导师因材施教、对症下药。现已选聘学院专业导师488人、创业导师375人，并在持续扩充中。

（三）优育：创设服务平台，强化综合赋能

在开展高质量培训的同时，有效整合政府、市场、社会等资源，为学员提供综合性、长期性的创业创新服务，促进产学研用深度融合。例如，创建浙江农艺师学院优质农产品供应链合作联盟、优质农资供应链合作联盟，首批会员达到200余家。对接中国农民企业家联谊会、浙江省农业产业商会、浙江省产学研合作促进会等平台机构，为学员提供产学研合作、创业孵化、产品营销、品牌提升、科技咨询、投融资服务等全生命周期培育服务。2022年仅一家学员企业服务工作站就为64家学员企业销售农产品达800余万元。此外，组织学员参加浙江省农博会乡村人才振兴对接大会、浙江省农林科

技成果信息发布会、浙江省农科院农业科技成果转化大会。承办长三角乡村人才振兴论坛、营商环境优化提升对接交流会。举办"农民丰收节"农科成果展销会、新农人交流会、农业高新技术对接会。联合省农科院团委举办"浙农青"共富成果推介交流会。

二、主要成效

一是领军人才不断壮大。通过四届在职研修生培育项目的实施，浙江农艺师学院招录学员456名。据不完全统计，截至2022年12月，有近30位学员晋升为高级农艺师和高级工程师等高级职称，有80余人晋升农艺师和高级农民技师；1人评为"全国农匠"，2人入选全国农村创新创业优秀带头人典型案例，2人评为全国农业技术能手，4人评为全国乡村振兴青年先锋，1人评为省劳动模范，2人评为省农业科技先进工作者，1人评为浙江省优秀共产党员，2人评为浙江乡村振兴带头人金牛奖，7位学员荣获浙江省乡村振兴带头人"青牛奖"，荣获国家级荣誉120余项，省级荣誉390余项；发表论文410余篇，申请专利660余项，科技项目130余项，完成品种认定、技术规程、标准等190余项；学员基地接待省部级以上领导、院士视察190余人次。

浙江农艺师学院学员、绍兴市南野生态农业有限公司总经理王园园说道："近年，我的人生有两大重要的决定，一个是回乡创业，二是入学浙江农艺师学院。毕业后，我在一家农产品公司做营销。我时常在思考，我的事业的边界在哪里。2013年，我决定回到家乡发展，不仅是因为家乡更为亲切，更是因为，我的能力在家乡可以发挥更大价值。但创业这件事远不像想象中那么简单，经验上的不足，让我走了很多弯路。就像是果树需要丰厚的肥料和养分，创业路上的我，也需要知识来助我成长，于是我入学了浙江农艺师学院。在学院里，我像一个新生绿芽一样，疯狂地吮吸着来自各方的知识，学院'双导师'的培养模式，让我理论＋实践两条路走，吸收知识的效率特别高。"

浙江农艺师学院学员、新昌县科农茶树专业合作社理事长盛文斌说道："我是一个硬汉，是浙江农艺师学院教我学会了柔软。从部队退伍之后，我接手了父辈的种茶生意。一开始，我会把一株株的茶叶当作军人一样看待，你看他们一个坑挨着一个坑，像不像部队点兵？进了浙江农艺师学院经过学习之后，我才发现，植物需要我们保护，我们只有掌握更多种植的技巧，才能把它们呵护好。在此过程中，浙江农艺师学院给我的帮助，不仅是在学校学习的那段时间，更是长久地、持续地给我方向指导和资源支持。"

二是带动农业主体发展。学院学员也带动了一批农业经营主体加快发展。对286名抽样学员的统计发现，学员所在主体提供就业岗位1.28万个，购销带动农户21.24万户，购销带动金额59.47亿元，技术服务带动农户9.19万户、面积275.34万亩，农机社会化服务带动农户4.84万户、面积200.78万亩，农资社会化服务带动农户4.73万户、面积366.04万亩。学员所在基地接待省部级以上领导、院士视察150余次。结业学员及所在主体的规模、效益与竞争力显著提升，相比入学前规模平均扩大9%，利润平均增长11%，创业业绩得分平均提升13%。

三是获得主流媒体报道，创建全国首家省级农艺师学院入选2018年度浙江农业农村十大新闻。新华社、人民网、央广网、中国新闻网、中国教育网、《农民日报》、《科技日报》、《浙江日报》、浙江卫视、浙江新闻客户端、凤凰网等40余家媒体对浙江农艺师学院工作多次报道。以117名浙江农艺师学院学员和创业导师为案例的著作《浙江农民创业好故事》《浙江农民创业创新好案例》由中国农业出版社相继出版。

三、案例总结

对于日益职业化、专业化的乡村产业高层次人才而言，短期化、通识型、漫灌式的传统培训模式已难以充分满足其需要。在奋力推进"两个先行"、谱写中国式农业农村现代化浙江篇章、建设高效生态农业强省的新征程上，创新优化乡村人才培育模式是促进乡村人才振兴的内在要求和必由之路。在此方面，浙江农艺师学院进行了有益探索，创设并践行了乡村人才培育"三优"（即优选、优教、优育）模式，取得了积极成效，获得了社会各界广泛认可，日渐成为浙江省乡村人才振兴工作的一张"金名片"。

图书在版编目（CIP）数据

浙江省高素质农民培育十年发展报告. 2012—2022/
李宝值等著. —北京：中国农业出版社，2024.1
ISBN 978-7-109-31632-4

Ⅰ.①浙… Ⅱ.①李… Ⅲ.①农民教育–素质教育–
研究报告–浙江–2012—2022 Ⅳ.①D422.6

中国国家版本馆CIP数据核字（2023）第253244号

中国农业出版社出版

地址：北京市朝阳区麦子店街18号楼
邮编：100125
责任编辑：郑　君
版式设计：王　晨　　责任校对：周丽芳
印刷：北京通州皇家印刷厂
版次：2024年1月第1版
印次：2024年1月北京第1次印刷
发行：新华书店北京发行所
开本：700mm×1000mm　1/16
印张：9.25
字数：125千字
定价：60.00元